金·属·镜

阿尔泰古代和中世纪的资料

根据阿尔泰国立大学阿尔泰考古学与民族学博物馆资料

〔俄〕A.A. 提什金　H.H. 谢列金　著　　陕西省考古研究院　译

文物出版社

封面设计　张希广

责任印制　陈　杰

责任编辑　黄　曲

图书在版编目（CIP）数据

金属镜：阿尔泰古代和中世纪的资料／（俄罗斯）提什金，
（俄罗斯）谢列金著；陕西省考古研究院译．—北京：文物
出版社，2012.8

ISBN 978 - 7 - 5010 - 3508 - 3

Ⅰ.①金…　Ⅱ.①提…　②谢…　③陕…　Ⅲ.①金属—
古镜—研究—俄罗斯　Ⅳ.①K885.125.2

中国版本图书馆 CIP 数据核字（2012）第 171838 号

金属镜：阿尔泰古代和中世纪的资料

〔俄〕A. A. 提什金　著
　　 H. H. 谢列金

陕西省考古研究院　译

*

文 物 出 版 社 出 版 发 行

（北京市东城区东直门内北小街 2 号楼）

http：//www.wenwu.com

E-mail：web@ wenwu.com

北 京 君 升 印 刷 有 限 公 司

新 华 书 店 经 销

787×1092　1/16　印张：9.75

2012 年 8 月第 1 版　2012 年 8 月第 1 次印刷

ISBN 978 - 7 - 5010 - 3508 - 3　定价：100.00 元

序

　　中国位于欧亚大陆板块的东部，东、南濒临大海，西部被横断山系、青藏高原、阿尔泰山系及大漠环绕，北方有阴山—燕山及大兴安岭等山系凭护，这种半封闭的地理特征使得文化意义上的中国始终保持着相对独立和多元一体的特征。由于海上文化通道的开辟相对较晚，并且在古代中国的对外交流中始终没有占据主导地位，因此，陆上文化通道尤其是连接东西方世界桥梁的欧亚草原带便成了中国与外部文化交流碰撞的主要途径。

　　考古发现表明，外贝加尔地区发现的楔形、柱形石核以及石锯、锛形器、石钻等均与中国北方下川文化的同类器存在高度的相似性。这说明，早在旧石器时代晚期，西伯利亚地区的石器工业就与中国北方存在着某种联系。

　　到了新石器时代，东西伯利亚的尖底、圜底罐文化系统与中国东北地区为中心的平底罐文化系统之间开始了长达数千年的文化交流，以平底筒形罐系统为媒介，将黄河流域每一次冲击浪潮传递给远在西伯利亚及其周边的圜底罐系统。磨制的石锛、镰形石刀和陶器中的螺旋纹、"之"字纹、鼓腹平底罐等在西伯利亚地区的突然出现，显示出这一时期中国境内考古学文化对西伯利亚地区的影响力。红山文化的庙坛冢、东北腹地出现的圜底罐等，则应是来自西伯利亚的文化反馈。这些现象表明两地文化交流的广度和深度在逐步拓展。

　　青铜时代以降，米努辛斯克盆地的卡拉苏克式青铜器及外贝加尔地区的石板墓文化等对中国北方文化带的形成影响至深。与此同时，兴起于鄂尔多斯朱开沟文化、代表中国文化元素的蛇纹鬲等则向周边传播，出现在蒙古和俄罗斯外贝加尔地区，就连草原民族最具特色的大型容器圜底双耳青铜釜（鍑），其形态和传统也深深根植于殷周以来的中国地区。

　　进入铁器时代，以匈奴帝国为代表的游牧文化及其军事压力带给中国的影响，几乎贯穿了东周以来的整个中国历史。反映在物质文化遗存上，便是中国北方长城的修建、相关城址和聚落址的骤然增多且规模空前，以及位于匈奴境内的色楞格河下游竟然出现了代表农耕定居色彩的多处城址和中原式墓葬。

　　历史上的这种文化交流趋势一直持续到明清时期，在 20 世纪 50 年代达到了高潮。

事实上，直到现在，这种交流还在延续，而且由于地缘关系，它将会永远演绎下去。

中国现代考古学兴起于 20 世纪 20 年代，是引进的西方考古学方法和传统的中国学术思想结合形成的一门新兴学科。20 世纪 50 年代，"同志加兄弟"的中苏关系，又使中国考古学深深烙下了前苏联考古的印记，不仅在考古机构的设置模式上与前苏联大体相仿，而且指导思想也同样是马克思主义。西安半坡遗址的大规模揭露便是对苏联聚落考古方法的借鉴和尝试，此后这一方式和理念逐步得以普及和践行。尽管两国间的考古研究后来由于历史原因中断了联系，但客观地讲，这段短暂的蜜月期，促进了中国考古学由所谓"史语所传统"向"中国学派"的转变，也促进了中国考古学的发展。20 世纪 80 年代，中国考古学界开始大量引进西方的考古理念和方法，并且尝试着在考古实践与研究中推广应用。这种新"西化"的趋势，不仅使考古学研究的目标和方法走向多元化，同时也加速了中国考古学基础研究的进程。大约与此同时，俄罗斯社会也发生着巨变，这个横跨欧亚大陆的泱泱大国，其思想基因注定也是丰富多彩的，他们对考古学材料的一些新的见解值得我们借鉴，更何况两国间还有不可分割的历史渊源和地缘关系。在这样的背景下，一些学者疾呼，中国考古在向西看时，千万不能忘记曾经影响了我们古代文明进程和对我们的考古事业发展作出过重要贡献的邻邦——俄罗斯。

苏秉琦先生早就提出了"以区系的眼光看世界，以世界的观点看中国"的指导思想。从地缘政治的角度分析，中国学者要以世界的眼光看中国，则必须了解与中国古代文化交流最为密切的欧亚草原地区的考古。中俄考古合作除了具备得天独厚的地缘优势外，业已形成的良好的研究基础和双方面临的共同课题，也使得这种合作具有很强的操作性。然而，长期缺乏交流与合作的现状限制了双方考古资料的共享，也限制了田野考古方法及学术理念的沟通，这种局面成了中俄考古界深化学术研究合作的瓶颈。陕西省考古研究院作为省一级的考古研究机构，本来不该妄谈这么大的话题，但陕西是块神奇的土地，中国古代历史上许多辉煌的篇章都曾在这里谱写，陕西北部的黄土高原又是欧亚草原边缘，地处农业文明和牧业文明的交汇地带上，历史上，当草原骑马民族对定居农业文明骚扰和征服的同时，也通过欧亚草原这个桥梁将两个大陆以往互不知晓的信息进行了传递。因此，在全球视野下对以陕北为中心的黄土高原地带考古文化进行深入研究，有助于了解东西方文明的互动，也有助于理解中国古代文明形成的机制。从这个角度看，陕西省考古研究院似乎应该也必须有所作为。

2007 年，一次偶然的机会，我通过时任陕西省考古研究院办公室主任并且谙熟俄语的王继源认识了俄罗斯圣彼得堡大学的科瓦廖夫教授。科瓦廖夫是一个充满激情的人，尽管我们是初次见面，但却像是久别重逢的老友，他用那带着浓重俄语口音，并且夹杂着一些汉字的英语，滔滔不绝地向我和王占奎副所长讲述着对有关陕北考古资料的看法。给我的第一印象是，这个人非常熟悉中国的考古资料，能够很好地把握中俄双方考古的关切，应该是我们可以信赖的合作研究伙伴，我当时就幻想着可否通过科瓦廖夫来构筑中俄考古合作的桥梁。

时光荏苒，科瓦廖夫第三次来到陕西省考古研究院时已经是 2010 年，但他这次不是孤身一人，同时还带来了我们的合作伙伴代表——阿尔泰国立大学的提什金教授和圣彼得堡国立列里霍夫家族研究院的邦达连科教授。大家汇聚一堂，不仅畅谈了合作的前景，还一同对陕北相关区域进行了实地考察，增加了双方的合作信心。2011 年 12 月，按照双方约定，我带领王占奎、肖健一完成了对俄罗斯的回访，这次回访最重要的收获是实现了与阿尔泰国立大学校长 Sergry V. Zemlvkov 教授和圣彼得堡国立列里霍夫家族研究院邦达连科馆长签署三方合作协议书，这其中包括了将在未来的五年中，联合进行相关的考古调查，共同发起并组织学术会议，相互提供学科出版物以及对相关文献、专业书籍进行翻译出版，组织青年学者和研究人员的咨询和培训等内容。我们这次组织翻译出版的 A. A. 提什金、H. H. 谢列金的《金属镜：阿尔泰古代和中世纪的资料》只是其中的一个内容。按照协议，我们还将于今年派出两位年轻的考古工作者到阿尔泰大学考古工地，参与俄罗斯的考古发掘工作。

陕西省考古研究院与俄罗斯同行的考古合作已经迈开了这具有历史意义的第一步。我深信，通过未来一系列的合作以及更多合作伙伴的加入，不仅可以强化对各自考古资料与研究进程的相互了解，拓展学术视野，沟通学术理念，为双方培养专业人才，也有利于对欧亚草原地带诸如早期农业在北方地带的扩散、草原地带和农牧交错地带的人地关系、草原地带古代人群的形成与迁徙、冶金术、造车术以及骑马术这些影响了世界历史进程的重大发明等考古课题的深入研究，推动欧亚地区考古学研究的发展。

王炜林

中文版自序

在研究人类的历史文化时，一个重要的资料来源就是保存在考古遗址中的物质生产信息。综合研究考古发现的遗物不仅可以复原古代和中世纪社会的生产系统的方方面面，而且可以解决一些普遍与具体的学术问题。在阿尔泰冢墓出土的器物中，金属镜总会引起研究者的格外注意。人们常常根据这些器物的研究结果，来断定发掘墓葬的年代，理解民族文化相互影响的过程以及其他许多方面的问题。

中亚游牧民族古代和中世纪史的一个重要内容就是与中国的军事政治以及贸易关系。近年来，在考古学的学术文献中经常会出现根据现有资料所做的专题研究。然而，重建游牧民族同中国文明长期联系的总体面貌仍然是未来的事情。

要看中国物质文化对周围区域的影响，一个明显的例子就是游牧民族使用中国手工业中心生产的金属镜。自斯基泰—塞克时期开始（公元前 1000 年），这类器物就出现在南西伯利亚及相邻区域。

在中国有大量研究金属镜的著作。然而，中国的学术著作，大部分没有涉及中国境外所发现的这类器物，包括俄罗斯的亚洲部分。这种情况在很大程度上受到了客观原因的制约——俄语学术文献难以获得、语言障碍、两国考古学家接触较少等。这就导致了中国研究者至今仍然没有看到很多重要的问题。例如，金属镜对于中亚游牧民族来说是奢侈品，所以经常被仿造；中国金属镜上的图案和题材经常被游牧民族重新诠释，并运用到其他器物上；还有一个十分有趣的问题就是中国金属镜在游牧民族埋葬习俗中的位置；最后，我们需要注意的是，在中国境内也发现了"游牧民族"的金属镜，但是如果不了解俄语的考古文献，那么就无法对它们的文化归属进行客观的判断。

我们需要承认的是，相反的情况同样存在。由于上述的那些原因，俄罗斯的研究者同样远远没有得到所有的中国考古文献。因此，显而易见的是，两国的研究者需要紧密合作。

本书旨在研究阿尔泰境内遗址出土的古代和中世纪时代的金属镜。中文版的出版是解决以往积累的学术问题的步骤之一。在该书准备期间，作者们完全体会到了上面提到的困难。迄今为止唯——部综合研究中国金属镜的俄语著作是 37 年前 Е. И. 卢

博 – 列斯尼琴科（1975 年）所撰写的。虽然这本著作的成就无可争议，但是其中的许多观点已经过时，需要修正。我们希望，即将开展的与陕西省考古研究院的合作研究，并在此框架下进行的本书的翻译出版，将大大扩大我们的联系范围，并促进众多重要学术问题的解决。

陕西省考古研究院院长王炜林教授为开展学术合作提供了机会，也使该书的翻译出版成为可能，在此，作者们向王院长表示感谢。

A. A. 提什金

H. H. 谢列金

目　录

插图目录

图版目录

引　言

　　在研究人类历史文化时，一个重要的资料来源就是保存在考古遗址中的物质生产信息。综合研究考古发现的遗物不仅可以复原古代和中世纪社会的生产系统的方方面面，而且可以解决一些普遍与具体的学术问题。在阿尔泰冢墓出土的器物中，金属镜总会引起研究者的格外注意。人们常常根据这些器物的研究结果，来断定发掘墓葬的年代，理解民族文化相互影响的过程以及其他许多方面的问题。

　　在学术文献中，"镜"是一种特别制作的器物，具有光滑的表面，能够形成其面前物体的光学图像，能够反射光线（БСЭ，1972，с. 514；Кузнецова，2002，с. 19）。最早的镜发现于公元前 3000 年的考古遗址中，由金属（铜或者青铜）制作而成（Авилова，2008）。Н. Л. 奇连诺娃称两河流域以及北伊朗可能是金属镜的发源地，由此在青铜器时代形成的传统可能渗透到中亚乃至古代东方的其他地区（1967，с. 89 – 90）。在铁器时代早期，金属镜在欧亚大陆广泛地传播开来。虽然有过尝试，但是至此为止它们的形态多样化还没有出现，各个文化历史区域还没有形成自己的特征。金属镜的制作是以铜为基础，经常加入不同的合金成分。正面一般平整，经过抛光，反面有浮雕或者阴刻图像，中央还有用于悬挂的钮，边缘也有多种形状。许多金属镜在制作时都带有侧面的手柄，这种侧面手柄不仅具有实用功能，而且反映审美的需求，并补充中心题材的思想内容，展示形制的传统及创新。在斯基泰—塞克时期，人们通常使用带有两个光滑表面的金属镜。最为流行的镜面形状为圆形，但是也发现有四角和椭圆形以及带有花边和其他造型的金属镜。

　　金属在具备一种特定晶格结构的条件下会反射光泽，古代的工匠发现了金属的这一物理特性并予以广泛运用。然而，这样制作的金属镜有一个根本缺陷：铜或者青铜的自然色泽会改变照射物体的颜色。可能因为这个缘故，它们不仅成为真理和知识的象征，而且也被看做是欺骗和虚伪的化身。为了克服存在的问题，满足相应要求，人们花了很长一段时间去试验、发现、失败，最后使用不同的玻璃材料来代替全金属器物，但是这一过程不是连续的。除此之外，在新的梳妆器物生产技术中，金属继续发挥着重要的反射作用。

　　玻璃镜出现于公元 1 世纪的罗马。最初，这种器物非常小，形状不甚规则。其制作过程大概是这样的：向玻璃球面容器中注入熔化的金属，熔液凝固后形成一个反射层，待冷却后，切开金属容器，玻璃镜就做好了。这种带有铅层或锡层的玻璃镜在中世纪初期就已经消失了。类似的器物在公元 13 世纪重新出现。在公元 16 世纪，人们发明了锡汞合金的玻璃镜镀膜，为此人们使用了汞，汞形成必要的均匀的液体，然后渗入金属。自公元 17 世纪开始，随着玻璃生产的发展，镜的式样及大小的多样性不断增加。工匠们能够很好地生产出金属镜，并在玻璃板的一面涂上一薄层银、金或者锡。此后，有害健康的汞合金被化学镀银代替。为了保护反射层，在其表面还常常覆盖一层铜片，然后用油漆材料固定，用于预防机械损伤。再往后，开始生产由白金、黄金、钯、铅、镍以及其他金属制造的反射膜的镜。镜的质量取决于其表面形状接近数学定理的程度。平面镜是唯一能够在任何光束照射下传送无失真图像（永远是假象）的光学系统（БСЭ，1972，с. 514）。

虽然出现了玻璃镜，但是在中国很长一段时间里仍然继续制作和使用金属镜，不过在公元 14 世纪之后，这种镜制作得也越来越少。现在人们使用古代和中世纪的器物用来制造纪念品，同时也为博物馆制造复制品。在这个过程中出现了下列问题：在现代古董市场上开始出现古代镜的赝品。为了制造此类仿造品，人们采用了现代的工艺和合金，只有借助专门的仪器才能辨别出来。这种生产技术，总的来说，不断在提高。在印度，长达几个世纪甚至直到今天，人们都仍然保留着复制手工艺品的传统。

金属镜的起源、普及以及广泛使用的历史是研究的一个重要方向。不言而喻的是，这类器物是一种非常宝贵、很有信息含量的资料，可以解决我们在解释考古资料时碰到的很多问题。古代和中世纪的金属镜被人们视为年代和民族文化的特征器物，它们也展示了人们获得传统及原始合金的特殊的技术手段。镜上的图像也是重要的研究材料。墓葬出土的金属镜具有特别重要的意义，不过偶然发现的金属镜也具有一定的信息，需要人们想办法去提取。同时，因为一些有意思的因素，出现了非直接使用金属镜的情况。例如，它们可以作为萨满服装的标志使用，也可以作为护身铠甲的部件使用（Бобров，Худяков，2008，с. 33）。

迄今为止，阿尔泰的森林草原区及山区出土了一批金属镜，其年代从青铜器时代中期一直延续到中世纪后期。它们的资料散见于许多出版物。有关考古遗址出土的以及偶然发现的这类器物的研究成果见于专著的个别章节、论文和许多简报中。这些著作我们都收到了本书的文献目录中。金属镜的毋庸置疑的价值决定了各种层次的学术研究的价值。可惜的是，迄今为止还没有一部综合和全方位研究它们的著作。在这种情况下，以图录的形式发表博物馆的藏品是撰写一本科学著作的一个合乎逻辑的步骤。

研究金属镜的一个重要方面，就是用已有的经过检验的方法来系统分析阿尔泰出土的所有器物（Тишкин，Горбунова，2004；2005；Горбунова，Тишкин，2005；

Горбунова，Тишкин，Хаврин，2009；и др. ）。Т. М. 库兹涅佐娃在她的专著（2002）中作了一次有关斯基泰时期的金属镜的形态分析及系统分类的尝试。同时存在的还有其他方法，其合理性为大规模、细致的研究创造了条件。为了完成既定的计划，建立具有代表性的数据库，我们还必须检测这些物质文化器物的合金的化学成分。采用光谱分析方法进行的金属器研究以前就有了（Тишкин，Хаврин，2004；2006；Тишкин，2006а－б；2008；2009）。这些经验保证了后续工作的效率，增加了必要信息的数量，为各种比较研究创造了条件。因此，我们不妨引用著名的中国文化学者 Г. Г. 斯特拉坦诺维奇的看法：“从青铜制造器物的技术史角度我们当然要高度评价镜”（1961，с. 52）。

在撰写本书时，作者使用了阿尔泰国立大学（巴尔瑙尔）阿尔泰考古学与民族学博物馆保存的古代和中世纪的金属镜，其中有 18 个完整器物和 16 个残片。第一章简短地介绍了这些藏品的历史。第二章为我们特别制作的现有器物的图录。所有发表的器物都经过若干次的 X 射线荧光光谱仪检测（在对博物馆展品进行研究的时候，X 射线荧光光谱仪具有实质性的优势）（Тишкин，Хаврин，2006）。我们对所得结果进行的阐述见于第三章。其余两章阐述了这些器物的有关问题，即它们的年代、民族文化之间的交流、世界观及社会组织的复原。上述问题的部分方面，本书作者过去曾做过分析，但是这些问题还需要全面探讨（Кирюшин，Тишкин，1997，с. 87－89；Тишкин，2006а－в；2008；Тишкин，Хаврин，2006；Тишкин，Горбунов，2006；Серегин，2007；2008а－б；Тишкин，Горбунов，Серегин，2008；и др. ）。

如前所述，对阿尔泰出土的金属镜尚未有人做专门的综合研究。但是现有的资料基础有助于在现代水平上组织对上述问题的研究。为此，除了那些有名的金属镜之外，我们还应当收集那些我国博物馆收藏的尚未发表的墓葬出土品和采集品。

第一章　阿尔泰考古学与民族学
博物馆中金属镜收藏的形成

阿尔泰国立大学阿尔泰考古学与民族学博物馆创建于 1985 年（Кирюшин，Шамшин，Нехведавичюс，1994；Нехведавичюс，Ведянин，1995；Горбунов，Чудилин，2000；Горбунов，2009；и др.）。当时的藏品是田野发掘得来的。自 1975 年开始，阿尔泰国立大学的同事、老师及学生们主要在阿尔泰边疆区——包括戈尔诺—阿尔泰自治州（现在的阿尔泰共和国）——从事发掘。1986 年，根据俄罗斯苏维埃联邦社会主义共和国高等及中等专业教育部部长的命令，博物馆成为官方机构。在其 26 年的历史中，博物馆做了大量的工作（Горбунов，2009）。每年都有新的考古文物进入博物馆（Кирюшин，Тишкин，Шамшин，2002），现在共有 620 多件登记藏品，它们属于不同的历史时期：从旧石器时代中期至中世纪时代晚期。博物馆还收集了少量的民族文物。这些文物为我们研究阿尔泰的部落及民族活动提供了重要的资料，为我们重建南西伯利亚和西西伯利亚地区不同历史阶段的民族起源和历史文化发展创造了条件。阿尔泰国立大学阿尔泰考古学与民族学博物馆还拥有档案库房，收藏了 245 部体现考古调查及发掘成果的科学报告（Горбунов，2009，с. 29）。

在众多的馆藏文物当中，古代和中世纪时期的金属镜是特别的一组。此类器物可以视为阿尔泰山区及森林草原区存在的若干不同文化的鲜明指针。作为金属铸造艺术文物，这些器物需要综合分析（Торевтика...，2010）。我们的研究内容之一就是回顾阿尔泰国立大学阿尔泰考古学与民族学博物馆的金属镜藏品的形成历史及研究过程。需要说明的是，这个方面的个别研究结果已发表于我们的一些著作中（Тишкин，2008；Тишкин，Горбунов，Серегин，2008；2009；Тишкин，Серегин，2009б；и др.）。不过，本书将予以补充和订正，同时大大扩充多方面的信息。

已经发表的金属镜多半属于早期铁器时代，其余器物的年代为中世纪早期和中期。这些文物的获得主要来自配合经济工程规划（建设公路、土地开垦以及其他）进行的考古发掘，其高峰就是在卡通河水电站的淹没区和坝址所做的田野工作。除此之外，我们也开展了一些有目的的科学研究发掘。在描述所得金属镜的研究结果及相关信息时，我们有必要把它们归入文化年代框架中（Тишкин，2007a），并且介绍阿尔泰国立大学阿尔泰考古学与民族学博物馆藏品的形成过程。

20 世纪 80 年代后半期，阿尔泰的考古工作量有了实质性的增加。在考古工作的过程中，我们获取了研究比较薄弱的有关斯基泰早期居民文化的补充资料。在卡通河谷地发掘特特克斯肯 - Ⅵ墓地（Кирюшин，Тишкин，1997）和博伊特格姆 - Ⅱ墓地（Абдулганеев，1994）时，我们获得了两面阿尔赞—迈埃米尔时期的金属镜（图一，1、2）。阿尔泰国立大学的比克考古队在发掘比克遗址（Тишкин，1996，рис. 4. -2；27. -3；20076，рис. 7. -27，29；Кирюшин，Тишкин，1997，рис. 66. -2 -3）时发现了另外两面镜（图一，3、4）。它们均属于比克文化的末期，年代为公元前 7 世纪下半叶至公元前 6 世纪 50 年至 75 年间（Тишкин，20076，рис. 7）。这些器物起初存放在阿尔泰国立大学阿尔泰考古学与民族学博物馆内，后来转交给戈尔诺—阿尔泰共和国方志博物馆（现在的阿尔泰共和国安诺新民族博物馆）。

有些铜镜（阿尔泰国立大学阿尔泰考古学与民族学博物馆，藏品编号 No. 26）来自于马雷—贡宾斯基—科尔东遗址群的发掘。遗址群位于鄂毕河的右岸，阿尔泰边疆区首府巴尔瑙尔市西北 7 公里。编号为"墓地 1"的墓葬群年代属于斯基泰早期。20 世纪 70 年代末和 20 世纪 80 年代后半期，Ю. Ф. 基留申、В. Б. 博罗达耶夫、А. Л. 昆古罗夫、М. Т. 阿布杜尔甘涅耶夫在此作了发掘（Абдулганеев，Кунгуров，1990；Кунгуров，1998；1999；Фролов，2008，с. 388 -389）。该墓地曾被定为老阿列伊文化的早期阶段，年代为公元前 7 世纪至公元前 6 世纪末期（Кирюшин，Кунгуров，1996，с. 133）。在墓地出土的铜镜中，年代最早的是两面边缘出高尖棱的大型铜镜（Кунгуров，1999，рис. 2. -4 -5）。其中一面的中央有桥形钮（图版一）[①]，另一件的钮则做成"四脚按钮"的样子（图版二）。类似器物被定为公元前 7 世纪至公元前 6 世纪末期（Членова，1967，с. 82 - 87；Могильников，1997，с. 81；Кузнецова，2002，с. 33 -43；Кирюшин，Степанова，2004，с. 84；и др.）。根据总体特征，其他三面金属镜（Кунгуров，1999，рис. 2. -1 -3）的年代或可定为公元前 6 世纪（图版三~五）。

菲尔索沃 - ⅩⅣ墓地属于老阿列伊文化发展的下一个阶段。鄂毕河考古队在 А. Б. 沙姆申领导下于 1987 年至 1993 年对它作了发掘。菲尔索沃 - ⅩⅣ墓地位于阿尔泰边疆区佩尔沃迈县同名村庄的附近。墓地开始被定为公元前 5 世纪至公元前 4 世纪（Шамшин，Фролов，1994，с. 101）。根据墓地出土的器物群的早期特征，可以把大部分文物归入公元前 5 世纪（Кирюшин，Кунгуров，1996，с. 133）。稍后，菲尔索沃 - ⅩⅣ墓地的年代改为公元前 6 世纪至公元前 5 世纪（Фролов，Шамшин，1999，с. 223）。

---

① 铜镜的详细说明及图版在下一章中以图录的形式提供。它们按地域—年代的原则排列，每个图版由一张线图和三张照片组成，以便从各个角度展示器物。

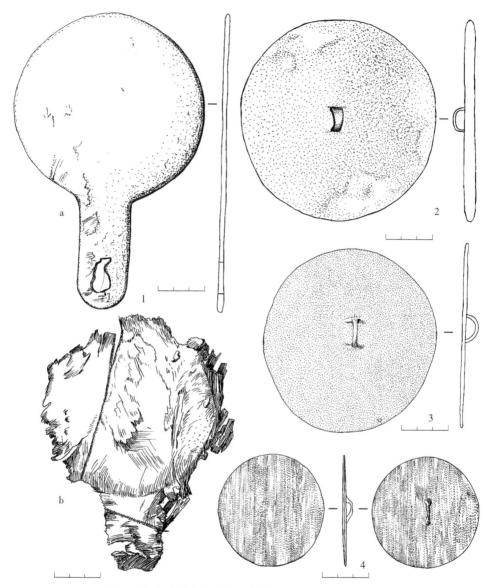

图一　阿尔泰墓地出土的阿尔赞—迈埃米尔时期金属镜

1a-b. 特特克斯肯-Ⅵ（引自 Кирюшин, Тишкин, 1997, рис. 10. -3）　2. 博伊特格姆-Ⅱ（引自 Абдулганеев, 1994, рис. 3. -1）　3、4. 比克（引自 Тишкин, 1996, рис. 4. -2; 27. -3）

墓58出土的一面铜镜（阿尔泰国立大学阿尔泰考古学与民族学博物馆，藏品编号 No. 74/368）的使用时期也被定为这个年代。这件器物发现于女性死者的腰带附近（Фролов, 2008, рис. 132. -1）。这类器物的摆放位置是许多古代民族埋葬习俗的典型特征，这一点我们将在后面研究阿尔泰国立大学阿尔泰考古学与民族学博物馆的文物时谈到。作为铜镜的一种形态，"四脚按钮"（图版九）在一些研究铜镜的著作中得到了特别的关注（Могильников，1997，с. 81 – 82；Кирюшин，Степанова，2004，с. 81）。它们的同类器物也见于这些著作。

　　年代比老阿列伊文化核心墓地稍晚的器物来自于老阿列伊 - Ⅱ墓地（Кирюшин，Кунгуров，1996，с. 133；Фролов，2008，с. 168）。墓地位于阿尔泰边疆区托普奇哈县，阿列伊河（鄂毕河左侧支流）河口旁边。1980 年至 1982 年以及 1986 年，由 Ю. Ф. 基留申主持对铁器时代早期的大部分墓葬进行了发掘（Кирюшин，Бородаев，1984；Кирюшин，Кунгуров，1996，с. 115）。在发表的墓葬资料中有两面金属镜（Кирюшин，Кунгуров，1996，рис. 9. -13；14. -2）。它们的形状相似，都发现于女性墓内，放在腰带旁边。墓葬 35 发掘出土的一面铜镜现保存在阿尔泰国立大学阿尔泰考古学与民族学博物馆（藏品编号 No. 35/487）。这面镜的反面带有桥形钮，一条皮带从中穿过（图版一三）。根据目前对老阿列伊文化发展的认识，我们将这件器物的年代定为公元前 5 世纪（Абдулганеев，Кунгуров，Фролов，1994；Кирюшин，Кунгуров，1996；Фролов，2008）。进一步的专门研究将会修正鄂毕河上游出土的这类器物的出现和流传年代。

　　保存在阿尔泰国立大学阿尔泰考古学与民族学博物馆的另一组铜镜反映了阿尔泰巴泽雷克文化的发展。在斯基泰—塞克时期展区的金属器中，里面有一件卡斯塔赫特大型墓地出土的器物（图版一一）让我们很感兴趣。墓地位于阿尔泰共和国乌斯季科克萨县的同名村庄，1983 年阿尔泰国立大学阿尔泰考古队对它作了部分发掘（Степанова，1987）。因为有大量类似于墓葬随葬品的器物存在，所以人们可以把一些冢墓的建造时间确定为公元前 5 世纪至公元前 4 世纪末期（Степанова，1987，с. 182）。冢墓 28 双人葬墓出土的一件金属镜（阿尔泰国立大学阿尔泰考古学与民族学博物馆，藏品编号 No. 41/138），根据所有情况判断，是女性死者的随葬品。这件器物表面不甚平整，一侧带有手柄（Степанова，1987，рис. 5. -2；Кирюшин，Степанова，2004，рис. 36. -10），其年代或许与墓葬相同。

　　1987 年，阿尔泰国立大学卡通考古队发掘了位于今阿尔泰共和国切马尔县的耶兰达村的上耶兰达 - Ⅱ冢墓墓地（Степанова，Неверов，1994）。其中冢墓 13 出土了两面大型"四脚按钮"青铜镜，可以把这座巴泽雷克文化冢墓的年代定为公元前 6 世纪至公元前 5 世纪（Степанова，Неверов，1994，рис. 8. -1；11. -1；Кирюшин，Степанова，2004，с. 81，116 -117，рис. 37. -1，4）。其中一件器物（图版六）现藏于阿尔泰国立大学阿尔泰考古学与民族学博物馆（藏品编号 No. 125/80）。与之最为接近的是发现于戈尔诺—阿尔泰的丘尔图科夫—洛格Ⅰ墓地冢墓 35 的铜镜，其年代"不晚于公元前 5 世纪至公元前 4 世纪之交"（Бородовская，2009，рис. 4. -6，с. 166）。

　　历年来在发掘特特克斯肯 – Ⅵ巴泽雷克文化 "普通" 牧民的墓葬—祭祀遗址时，我们获得了一系列青铜镜（Кирюшин，Степанова，Тишкин，2003）。学者们颇为熟悉的这个遗址，与上述墓地一样，都位于阿尔泰共和国切马尔县的耶兰达村，不过是在卡通河的左岸。1988 年至 1993 年，阿尔泰国立大学考古队在 Ю. Ф. 基留申的领导下对冢墓墓地作了发掘，期间发现了几件让我们感兴趣的器物。其中的一面铜镜现在陈列于阿尔泰国立大学阿尔泰考古学与民族学博物馆（藏品编号 No. 121/731，图版七）。这件器物发现于冢墓 2 内，年轻女性的腰带旁边（Кирюшин，Степанова，Тишкин，2003，с. 49，рис. 50）。它的独特之处在于手柄很短，做成俯卧翘首双峰驼的形状（Кирюшин，Степанова，Тишкин，2003，рис. 50. – 4；Кирюшин，Степанова，2004，рис. 38. – 4，88. – 1）。冢墓的年代被定为公元前 6 世纪末至公元前 5 世纪初（Кирюшин，Степанова，2004，с. 106）。应当指出的是，在发掘这处墓地（Кирюшин，Степанова，Тишкин，2003）时发现的其他巴泽雷克文化金属镜（图二，1 ~ 8）最初保存在阿尔泰国立大学阿尔泰考古学与民族学博物馆内，后来转交给戈尔诺—阿尔泰，现在属于阿尔泰共和国安诺新民族博物馆。

　　此后，特特克斯肯 – Ⅵ墓地的发掘中断了多年，2006 年因为这里要重新建造阿尔泰水电站的大坝，发掘继续进行。在发掘这处巴泽雷克文化的大型冢墓墓地时，阿尔泰国立大学卡通考古队采用了卷地毯的方式，其他一些学术机构的同事也参与了这项工作（Кирюшин，Кунгуров，Тишкин，Матренин，2006，с. 353）。这次发掘的结果就是阿尔泰国立大学阿尔泰考古学与民族学博物馆的青铜镜增加了两面（藏品编号 No. 587/1 – 2）。它们发现于冢墓 80 和冢墓 94（图版一四、一五），属于侧面有短手柄一类。根据整个器物群判断，它们的年代为公元前 5 世纪至公元前 4 世纪（Кирюшин，Кунгуров，Тишкин，Матренин，2006，с. 357，рис. 2. – 3）。需要说明的是，冢墓 94 的金属镜发现时，旁边还有囊的有机质痕迹。

　　巴泽雷克文化部落占据了广阔的地域。在阿尔泰的个别地区还发现了一些墓地的独特之处（Тишкин，Дашковский，2003а）。其中一处墓地即汉卡林斯基山谷墓地位于该文化分布区域的西北边界上（Тишкин，Дашковский，2003б；2008；Дашковский，Тишкин，Тур，2005а – б；2007；Дашковский，Тишкин，2006；и др.）。墓地位于阿尔泰边疆区克拉斯诺谢科夫县的钦涅特村附近。自 2001 年开始，在 П. К. 达什科夫斯基的领导下，阿尔泰国立大学的克拉斯诺谢科夫考古队对其作了发掘。在发掘工作中，考古队发现了一些反映巴泽雷克人开发阿尔泰北山麓文化交界地带的遗物（阿尔泰国立大学阿尔泰考古学与民族学博物馆，藏品编号 No. 184）。通过分析随葬品，我们可以确定墓地 – Ⅳ是在公元前 3 世纪初期形成的，放射性碳测年也证实了这一点（Тишкин，2007а，с. 155 – 156，251 – 261）。其中出土的金属镜（图二，9、10）（Дашковский，

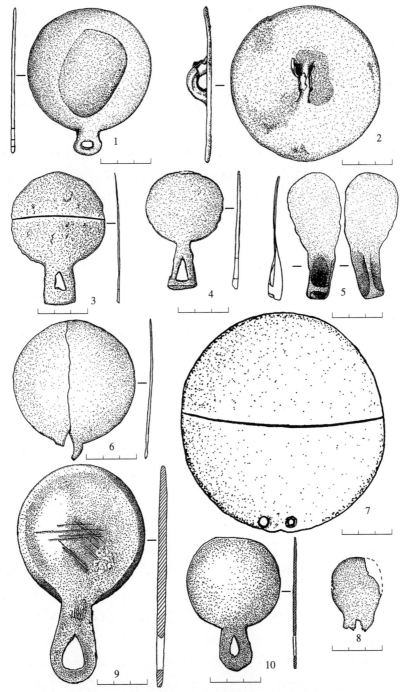

图二　阿尔泰墓地出土的巴泽雷克时期金属镜

1～8. 特特克斯肯 - Ⅵ（引自 Кирюшин，Степанова，Тишкин，2003，рис. 15. - 1
16. -2；18. -3；19. -1，3；20. -4；32. -13；26. -7）　9、10. 汉卡林斯基山
谷（引自 Дашковский，Тишкин，2009，рис. 1. -1，6）

Тишкин，Тур，2007；Тишкин，Дашковский，2008；Дашковский，Тишкин，2006；2009；и др.），属于"奖牌形"器物组，其年代与墓地的建造年代完全一致。

我们用 X 射线荧光光谱仪对五件这样的器物作了检测。起初埃米塔什国立博物馆科技部对两座冢墓出土的两面铜镜作了检测（Дашковский，Тишкин，Хаврин，2007，табл. 2）。结果表明，冢墓 6 的铜镜实际上是用纯铜制造的，金属里只有砷和银，它们可能是矿源所带的杂质成分。冢墓 4 的器物也是用铜为基础制造的，其他成分（砷、铅和锑）的含量不那么大，不会从根本上影响这件铜镜的质量。其中锡（<1%）只能视为象征性的添加成分。2008 年埃米塔什国立博物馆对冢墓 1 的铜镜（阿尔泰国立大学阿尔泰考古学与民族学博物馆，藏品编号 No. 184/1）作了 X 射线荧光光谱分析，得到了下面这些数据：Cu（铜）—主要成分；As（砷）—<0.9%；Pb（铅）<1%；Sb（锑）<1%；Ni（镍）—微量（检测人 С. В. 哈夫林）。这件金属镜可以认为是砷铜，携带了矿源原有的杂质成分。类似的结果也见于对巴泽雷克文化的许多其他器物的分析（Хаврин，2007）。这件铜镜在阿尔泰国立大学考古学、民族学和博物馆学教研室用 X 射线荧光光谱仪 ALPHA SERIES™（Alpha – 2000 型）作了一次补充分析。为此目的，我们除去了部分区域的氧化物，所得的结果是使上述的含量数据更为具体：Cu—97.75%；As—1.11%；Sb—0.56%；Pb—0.46%；Ni—0.12%。汉卡林斯基山谷墓地冢墓 11 和冢墓 15 出土的铜镜（图二，9、10），在阿尔泰国立大学同样使用上述仪器作了检测，研究结果已经发表（Дашковский，Тишкин，2009）。首先，它们都是带有自然杂质成分的铜器，冢墓 11 的铜镜成分略微不同，添加了少量的合金成分锡（1.3% ~ 1.84%）。

除了上述器物之外，阿尔泰国立大学阿尔泰考古学与民族学博物馆还收藏了一些采集品，年代属于铁器时代早期。

20 世纪 60 年代，波别达村的居民 П. Ф. 雷任科在阿尔泰边疆区采林县的佩尔沃迈冢墓墓地范围内发现了一面青铜镜（阿尔泰国立大学阿尔泰考古学与民族学博物馆，藏品编号 No. 188/1）。这件器物（图版一二）不同于巴泽雷克文化和贝斯特良文化遗址出土的类似器物，其侧面的短手柄同时具有圆孔和桥形钮（Кунгуров，Горбунов，2001，с. 120，рис. 5. – 3）。青铜镜的年代定为公元前 5 世纪至公元前 4 世纪之间。需要指出的是，2006 年以后，Ю. В. 希林对佩尔沃迈墓地作了发掘。他所发掘的冢墓的年代范围大约介于公元前 6 世纪至公元前 4 世纪之间（Ширин，2009，с. 97）。出土的随葬品中有一面铜镜（Ширин，2010），丰富了贝斯特良考古文化的资料。

保存在阿尔泰国立大学阿尔泰考古学与民族学博物馆中的另一面铜镜是一种分布范围很大的器物。2007 年，在距离阿尔泰边疆区的别洛库里哈市科利采瓦娅街道 3 公里的地方，工人在进行道路施工的过程中发现了这面铜镜。这是一面中心有桥形钮的大型铜镜（图版八），出土于山丘断面人骨架下 1.5 米深的地方。根据类似的器物，这面铜镜的年代为公元前 6 世纪至公元前 5 世纪（Могильников，Суразаков，1997，рис. 4. - 2；Кирюшин，Степанова，Тишкин，2003，рис. 16. - 2；Кирюшин，Степанова，2004，с. 80 - 81；Тишкин，Серегин，2009，с.114；и др.）。其文化属性还是一个有待解决的问题。

20 世纪 80 年代初期，鲁布佐夫县的方志学家 Г. А. 克柳金在奥尔村（以前属于哈萨克斯坦苏维埃社会主义共和国谢米巴拉金斯克州博罗杜林斯克县）的西瓜地发现了一面青铜镜的一小块残片（图版一六）。这个地方靠近阿尔泰边疆区的西南部边界。器物已经发表，出土地点为巴赫奇 - XI 墓地，但是其文化属性、年代没有作过任何考证（Кирюшин，Клюкин，1985，с. 95，рис. 24. - 18）。器物表面遭到严重的腐蚀，分裂成了两半；但是图案部分还是可以辨认的，是由两条弦纹组成的纹带；铜镜的边缘加厚，局部表面可见特有的金黄色。与这件文物（阿尔泰国立大学阿尔泰考古学与民族学博物馆，藏品编号 No. 28/209）类似的器物暂时只见于萨尔马特文化，它的年代为一千纪的后五百年（Худяков，1998，с. 136 - 137，рис. 1. - 5；Степи европейской части...，1989，табл. 69；Тишкин，Серегин，2009；и др.）。此外，需要指出的是，人们在戈尔诺—阿尔泰发掘凯恩杜墓地的时候也发现了一块非常相似的铜镜残片（Неверов，Степанова，1990，с. 257，рис. 13. - 3；Кирюшин，Степанова，2004，рис. 60）。发掘者认为他们发掘的墓葬的总体年代为公元前 5 世纪至公元前 4 世纪（Неверов，Степанова，1990，с. 269）。铜镜残片所在的冢墓 15 在很多方面（墓内葬具、死者及随葬品埋葬的方位）都不同于巴泽雷克文化的大部分冢墓，显示了其他文化的形制特征。根据地面观察，这座冢墓建造于巴泽雷克冢墓链的旁边，年代要晚一些。与此铜镜残片直接相似的器物在阿尔泰的斯基泰—塞克时期遗址中没有发现（Неверов，Степанова，1990，с. 268）。

在戈尔诺—阿尔泰还出土了一件采集品①，现保存在阿尔泰国立大学阿尔泰考古学与民族学博物馆（藏品编号 No. 73/1）。这件器物保存不好（有很多裂缝），是一面带有一个侧面手柄的大型铜镜（图版一〇），手柄几乎连根折断（Тишкин，Серегин，2009，с. 114，фото 13 - 14）。铜镜的年代或可定为公元前 6 世纪至公元前 5 世纪，但更接近于公元前 6 世纪。与之相似的器物中以特特克斯肯 - VI 墓地冢墓 26 出土的铜镜（图一，1a）与其最相似，X 射线荧光分析的结果进一步支持了上述的年代判断（见第三章）。

---

① 根据 А. Л. 昆古罗夫提供的消息，这面铜镜由历史系的学生 Ю. 马克舍夫在 20 世纪 70 年代末转交给阿尔泰国立大学阿尔泰考古学、民族学及历史学实验室。Ю. 马克舍夫介绍说，这面铜镜是在翁古代县进行道路施工时发现的。在已经遭到破坏的墓坑里还发现一枚俄罗斯银元。根据采集的头颅（现保存在秋明国立大学）判断，这具骨骼属于一位女性（А. Р. 金鉴定）。

　　反映阿尔泰森林草原区居民对外联系的还有一件这个区域十分罕见的器物。这件器物是在发掘上面提到的菲尔索沃－XIV墓地时发现的。在遗址范围内发现了一块铜镜残片（Кирюшин，Шамшин，Нехведавичюс，1994，рис.6.－13；Тишкин，Хаврин，2006，рис.2；5.－2），属于汉代以前中国非常流行的一类铜镜（Лубо－Лесниченко，1975，с.37，рис.1；Масумото，2005，рис.1；2.－2）。这些铜镜生产于公元前4世纪末至公元前3世纪，而其使用延续了很长一段时间（Лубо－Лесниченко，1975，с.9）。因此，这块保存在阿尔泰国立大学阿尔泰考古学与民族学博物馆（藏品编号 No.74/369）的铜镜残片（图版一七）在一定程度上可以反映鄂毕河上游的居民与南部地区游牧民族最早的一次接触，当时中国手工业中心的一些产品已经传到此南部地区。需要指出的是，这类器物部分出自戈尔诺—阿尔泰巴泽雷克遗址的冢墓6（Руденко，1953，с.114，рис.85；Степнаяполоса...，1992，табл.63.－7）。在南西伯利亚的地域内也可以找到一些同类器物（Тишкин，Хаврин，2006），下面将会谈到其中的一块残片。

　　阿尔泰国立大学阿尔泰考古学与民族学博物馆还陈列了亚洛曼－II墓地出土的匈奴时期的铜镜。墓地位于阿尔泰共和国翁古代县大亚洛曼河口附近的卡通河第四个台地上，是布郎—科巴文化乌斯季—埃季甘阶段的主要遗址之一。自2001年起，阿尔泰国立大学亚洛曼考古队在 A. A. 提什金的领导下对它作了若干季度的发掘（Тишкин，Горбунов，2003；Тишкин，2006в；2007в；и др.）。在遗址发掘过程中出土的器物群中，一批金属镜（阿尔泰国立大学阿尔泰考古学与民族学博物馆，藏品编号 No.181/663、680、916、918、1312）特别引人注意。目前对这些器物的综合研究已经获得了一些成果（Тишкин，2006а；Тишкин，Горбунов，2006；Тишкин，Хаврин，2006；и др.）。

　　冢墓61出土的一面铜镜（Тишкин，Хаврин，2006，рис.4.－в）（图版二二），根据保存的制造痕迹来判断，是汉代以前公元前4世纪至公元前3世纪的铜镜，与上述的菲尔索沃－XIV和巴泽雷克冢墓出土的器物接近。冢墓52出土的另一面铜镜（Тишкин，Хаврин，2006，рис.5.－6）以涡纹为背景装饰锐角带纹（图版一九），其年代为公元前3世纪（Лубо－Лесниченко，1975，с.38，рис.3），但是在匈奴时期的遗址中也有发现（参看 Давыдова，1985，рис.X.－9）。其他两块残片上的图案（Тишкин，Хаврин，2006，рис.4.－г；5.－5）无法用肉眼辨别，因为该古物已遭到了严重的腐蚀。它们出自冢墓51和冢墓56（图版一八、二〇），其年代或许相当于亚洛曼－II墓地中早期墓葬的年代范围。根据相似器物以及现有的放射性碳测年数据（Тишкин，2007а，с.267－268，270－274. и др.）判断，这些器物出现于阿尔泰的时间是公元前2世纪至公元前1世纪，但是它们的制作年代可能要早些。

　　在发掘亚洛曼－II墓地的过程中发现了一件完整的铜镜（图版二一）。镜的工艺细节（边缘为连弧纹带，在图案区域内有四个"小乳丁"）是中国汉代铜镜所特有的（Шавкунов，1981，c.104，рис.26；Давыдова，1985，рис.X.–20，25；Масумото，1993，c.249，251，рис.1.–в；Филиппова，2000；Ожередов，Плетнева，Масумото，2008，табл.2.–1–3；и др.）。但是根据X射线荧光分析数据及铸造的质量来看，这件器物可能不是在中国的作坊中制作的，而可能是"本地"的复制品（Тишкин，Хаврин，2004，c.305）。这种铜镜在中国出现的时间，根据一些研究者的看法，可能局限于公元前2世纪至公元前1世纪末期（Масумото，1993，c.251）。因此，需要指出的是，包括弧边在内的装饰元素在中国开始使用的年代可能要早一些（Филлипова，2000，c.105）。还有一种观点认为，这类铜镜很久以后在金朝（公元12世纪至13世纪中期）也曾被广泛地复制（Шавкунов，1981，c.93，104；Николаев，2004，c.69，рис.95–96；Ожередов，Плетнева，Масумото，2008，табл.1.–1–3；2.–1–3；и др.）。

在阿尔泰森林草原区及山区发掘中世纪早期墓葬的时候，我们发现的铜镜主要是残片，不过我们也发现了几件完整的器物。H. H. 谢列金（2007年）在别人的帮助下收集了突厥文化、斯罗斯特卡文化、基马克文化墓葬出土的32套铜镜及其残片，并公布了相关资料。但是这项工作还不够全面。我们还可以加上其他一些有名的器物和采集品（Грязнов，1951，рис.179；1956，c.148；Алехин，2003；Арсланова，1998；Могильников，2002，рис.133.–8；и др.）。

同阿尔泰森林草原区的中世纪早期遗址出土的器物相比，山区的突厥文化游牧民族保存的完整铜镜更多一些。阿尔泰国立大学阿尔泰考古学与民族学博物馆现存有两件这样的器物（藏品编号No.120/4–5）。这些铜镜是在发掘阿尔泰共和国翁古代县的希别–Ⅱ墓地时发现的。1986年，阿尔泰国立大学考古队在这里进行了考古抢救发掘（Мамадаков，Цыб，1993），清理了10座突厥文化的冢墓。发掘资料迄今为止还没有完全发表于学术出版物。冢墓3和冢墓18出土的两面完整铜镜（图版二三、二四）于1995年曾经由俄罗斯科学院西伯利亚分院考古学及民族学研究所组织在韩国（首尔）展览过，器物也发表于展览图录（The Altay culture，1995，c.144，фото 172）。展览把中世纪早期的铜镜放在蒙古时期部分倒是没错，但是解说词是错的。实际上，这些青铜镜出自公元7世纪至8世纪的墓葬中，并和其他随葬品一起成为判断年代的依据。我们用X射线荧光光谱仪对希别–Ⅱ墓地出土的铜镜作了检测（Тишкин，2008），其结果我们将在本书第三章详细阐述。

阿尔泰国立大学阿尔泰考古学与民族学博物馆也收藏了一些在阿尔泰边疆区的草原及森林草原区发现的斯罗斯特卡文化铜镜。这些器物当中有金属镜残片，也有一面完整的铜镜。所有这些器物都是阿尔泰国立大学在历年的考古发掘过程中发现的。根据肉眼观察以及X射线荧光分析的结果，我们可以将它们分为两组（Тишкин，2008；

Тишкин，Серегин，2009a）。

斯罗斯特卡文化遗址出土的第一组金属镜所反映的很可能是古代中国生产的产品。阿尔泰国立大学阿尔泰考古学与民族学博物馆中有下列 6 件藏品。

1997 年，在 A. A. 提什金的领导下，阿尔泰国立大学阿列伊考古队发掘了阿尔泰边疆区阿列伊县别兹戈洛索沃村的亚罗夫斯科耶 – Ⅲ墓地。冢墓 1 是一座被盗的双人墓，属于斯罗斯特卡文化，年代为公元 9 世纪至 10 世纪初期。这座墓出土了一小块金属镜残片（Тишкин，Горбунов，1998，рис. 1. – 12）（阿尔泰国立大学阿尔泰考古学与民族学博物馆，藏品编号 No.164/5）。铜镜的主要部分带有银灰色“贵金属”锈，只有个别部分有腐蚀的痕迹（图版三三）。铜镜背面的图案看不清晰，证明铜镜不是按原样铸造的。让我们感兴趣的是，这面铜镜可能是一位 30 ~ 40 岁左右女性死者的随葬品（Тишкин，Горбунов，1998，c. 195）。根据铜镜特有的槽形边缘以及可以看到的部分图案，人们成功地找到了与其相似的器物（Лубо – Лесниченко，1975，c. 20，55，рис. 28；Могильников，1996，c. 160，рис. 1. – 1；Масумото，2005，рис. 2. – 57；и др.），并试图复原铜镜完整时的样子（Тишкин，Горбунов，1998，c. 195，197）。这样的铜镜似乎是唐朝下半叶（公元 8 世纪至 9 世纪）铜镜的仿制品。

距离上述墓地不远的地方有一个巨大的单座冢墓，人们称之为“波波夫斯卡娅达恰”。2001 年，在发掘该遗址时发现了一块金属镜残片（Горбунов，Тишкин，2001，c. 285 – 286，рис. 1. – 25）（阿尔泰国立大学阿尔泰考古学与民族学博物馆，藏品编号 No.167/70）。这面铜镜（图版二八）出自墓 1，同出的其他随葬品是女性墓特有的。这座冢墓属于斯罗斯特卡文化沙德林采沃阶段（Неверов，Горбунов，2001）。按照出土的器物群，人们将它的年代定为公元 10 世纪后 25 年至 11 世纪前 25 年（Горбунов，Тишкин，2001，c. 287）。虽然铜镜不大，但是从铜镜的残片上可以看到一些细节，使人们可以在唐朝下半叶中国产品的仿制品中找到相似的器物（Лубо – Лесниченко，1975，c. 60，рис. 37）。

沙德林采沃 – Ⅰ冢墓墓地（Неверов，Горбунов，1996，c. 165，167 – 168，рис. 5. – 5）和叶卡捷琳诺夫卡 – Ⅲ冢墓墓地（The Altay culture，1995，c. 146，фото 178）发掘出土的残铜镜，从种种迹象来看，制作的年代大概与上述铜镜相同。沙德林采沃 – Ⅰ墓地位于阿尔泰边疆区塔利缅县同名村旁边的丘梅什河右河岸台地上。1979 年，阿尔泰国立大学考古队在此作了发掘。其中冢墓 1 墓 4 出土了带有穿孔的金属镜小残片（图版三二），现保存在阿尔泰国立大学阿尔泰考古学与民族学博物馆（藏品编号 No.135/1）。这座冢墓的年代为公元 10 世纪下半叶至 11 世纪上半叶（Неверов，Горбунов，1996，c. 178）。

叶卡捷琳诺夫卡 – Ⅲ冢墓墓地位于阿尔泰边疆区库伦达县同名村附近的耕地里。

1988 年，阿尔泰国立大学考古队在 В. С. 乌达多夫和 А. Б. 沙姆申的领导下，对农田开垦系统建设范围内的遗址作了抢救发掘（Удодов, Чекрыжова, 2000; Удодов, Тишкин, Горбунова, 2006, с. 294 – 295）。所有挖开的墓葬都已经被盗。在属于斯罗斯特卡文化的冢墓 5 里，发现了一块金属镜小残片（图版二七），现保存在阿尔泰国立大学阿尔泰考古学与民族学博物馆（藏品编号 No. 144/151）。发掘资料没有完全发表。我们所感兴趣的器物的照片出现在 1995 年韩国（首尔）展的图录中（The Altay culture, 1995, с. 146, фото 178）。旁边的冢墓 3 出土的马具已经发表在学术出版物上，其年代可以初步定为 925 ~ 975 年（Удодов, Тишкин, Горбунова, 2006, с. 297）。

说到上面的器物和参照器物，我们需要指出的是，铲形铜镜的流行主要发生于公元 8 世纪至 9 世纪（Лубо – Лесниченко, 1975, с. 20 – 21）。类似的铜镜在中国也有生产，部分器物看起来是仿照原物制作的复制品。八瓣弧边铜镜在公元 12 世纪至 13 世纪初期的女真族遗址中可以见到，但金代铜镜的弧边更直更宽，而器物本身的直径更大（Шавкунов, 1981, с. 105 – 106, рис. 32, 35; Шавкунов, Конькова, Хореев, 1987, с. 90 – 92, рис. 10; и др.）。装饰题材也有所不同。

可以归入中国手工业中心产品的是一件采集品，发现于阿尔泰森林草原区（阿尔泰国立大学阿尔泰考古学与民族学博物馆，藏品编号 No. 173/16）。铜镜背面带有浮雕图案（图版三〇），其年代可能是公元 8 世纪至 9 世纪（Тишкин, Серегин, 2009, фото 11 – 12），不过它的流传及使用时间要稍晚一些。

另外一块残铜镜（图三，1）也可以列入第一组。它是 2004 年发掘塔拉斯金 – V 山墓地时出土的，地点位于阿尔泰边疆区特列季亚科夫县的阿尔泰西北部山麓（Грушин, Тишкин, 2004, рис. 1. – 1; Грушин, 2005, рис. 1. – 2）。铜镜残片所在的冢墓 6，可能建造于斯罗斯特卡文化的格里亚兹诺夫阶段，年代为公元 9 世纪下半叶至 10 世纪上半叶（Грушин, Тишкин, 2004, с. 242）。一座少女墓出土的器物富有唐朝时期（618 ~ 907 年）的中国产品的特征（Лубо – Лесниченко, 1975, с. 17 – 19, 44 – 50, рис. 15 – 20）。有一个事实值得注意，就是类似的但是完整的铜镜在戈尔诺—阿尔泰也有发现。它发现于尤斯特德 – XIV 突厥文化遗址（图三，2），其年代为公元 7 世纪至 8 世纪末期（Кубарев, 2005, рис. 16. – 9, с. 74 – 75, 345 – 346）。同类铜镜的残片见于巴拉巴平原的索普卡 – II 墓地的中世纪墓葬 659（Молодин, Соловьев, 2004, с. 20, рис. 40 – 41, табл. XVIII. – 43）。对于上述铜镜和同类器物上的"怪野兽"图案，学者们有一些不同解释（Стратанович, 1961, с. 62; Лубо – Лесниченко, 1975, с. 18, 44 – 45; Масумото, 2005, с. 296; и др.）。Г. Г. 斯特拉坦诺维奇（1961, с. 62）对这个问题做了专门的研究，他的结论很有意思：这种题材广泛流行于从中亚到越南的地域范围内，而其起源"……是中国南部及越南的现实主义图案：'葡萄藤上的非洲獠'。"根据发掘者的

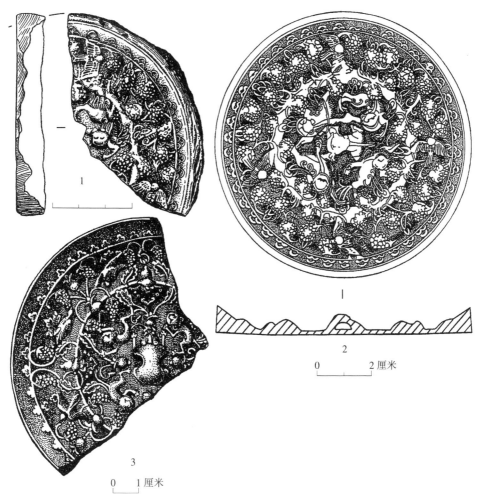

图三　塔拉斯金－Ⅴ山墓地出土的中世纪早期金属镜残片及其相似器物
（引自 Грушин，2005，рис.1.－1－3）

提议（Грушин，2005，с.134），塔拉斯金－Ⅴ山遗址出土的铜镜残片在埃米塔什国立博物馆科技部作了 X 射线荧光分析。结果如下：铜（Cu）—主要成分，锡（Sn）—25%～50%，铅（Pb）—8%～10%。根据分析者 C. B. 哈夫林的观点，这种铜—锡—铅合金是中国产铜镜的传统成分。在这里我们需要重申，不进行专门分析，只根据外表的颜色将这类器物定为银器的做法是不对的。上述的铜镜残片都发现于阿尔泰森林草原区，遗址的年代为公元 9 世纪下半叶至 11 世纪上半叶之间，正是斯罗斯特卡社会巩固和扩大边界的时期（Тишкин，Горбунов，2002，с.83 - 84）。这一时期，吉尔吉斯汗国统治着南西伯利亚和中亚地区，随后，此汗国分解为独立的公国。在戈尔诺—阿尔泰，突厥文化开始与占据统治地位的民族的文化融合，随后逐渐失去自己的特点（Тишкин，Горбунов，2005，c. 162 – 163）。

　　根据外部特征以及 X 射线荧光分析的数据（Тишкин，2008，c. 80），我们或许可以把阿尔泰国立大学阿尔泰考古学与民族学博物馆馆藏的一件完整的中世纪早期铜镜（藏品编号 No. 154/5，图版三一）归入中国工匠的产品。这件文物来源于乌斯季—沙蒙尼赫 - Ⅰ墓地一座单独的墓葬，地点在阿尔泰边疆区采林县，年代为公元 9 世纪末至 10 世纪（Горбунов，1992，c. 87，рис. 3）。铜镜保存了中国金属镜所特有的同心圆分区，但是没有图案且合金质量不高，具有明显的缺陷。应当指出的是，在唐代后期，质量不高的铜镜十分流行，同时铜镜制作的技术开始急剧下降（Масумото，2005，c. 296）。

　　阿尔泰森林草原区出土的第二组铜镜，从种种迹象来看，反映了中世纪早期另一个方向的对外联系。这样的器物发现于罗戈济赫 - Ⅰ墓地（Неверов，1990，рис. 1. - 14；Тишкин，Горбунов，2000，рис. 1. - 15）和近耶尔班 - ⅩⅥ墓地（Абдулганеев，Горбунов，Казаков，1995，рис. 2. - 8，12）。

　　罗戈济赫 - Ⅰ墓地是个包含不同时期墓葬的遗址。1985 年，阿尔泰国立大学及巴尔瑙尔国立师范学院的考古队对它作了发掘（Неверов，1990，c. 112 – 116；Уманский，Шамшин，Шульга，2005）。发掘地点位于阿尔泰边疆区的巴甫洛夫县。冢墓群坐落在罗戈济赫村西北方 3 公里处的灌溉系统建设范围内，巴甫洛夫—列布里赫道路右侧的耕地中。在发掘冢墓 10 时，人们发现了一大块金属镜残片（阿尔泰国立大学阿尔泰考古学与民族学博物馆，藏品编号 No. 141/30）。在分析了所有资料的基础上，我们将这件器物定为斯罗斯特卡文化的沙德林采沃阶段，年代为公元 10 世纪下半叶至 11 世纪上半叶（Тишкин，Горбунов，2000，c. 56）。

　　1993 年至 1994 年，阿尔泰国立大学考古队在阿尔泰边疆区托普奇哈县的乔佐沃村作了抢救发掘，清理了 Ю. Ф. 基留申早先发现的近耶尔班 - ⅩⅥ墓地（Абдулганеев，Горбунов，Казаков，1995，c. 243）。在墓 9 中他们发现了一块边缘不甚显著的青铜镜残片（阿尔泰国立大学阿尔泰考古学与民族学博物馆，藏品编号 No. 157/221）。这块残片装在一个皮囊内，放在死者的腰带周围。这件器物曾被归入奥金佐沃文化，其年代被定为公元 5 世纪至 7 世纪之间（Абдулганеев，Горбунов，Казаков，1995，c. 244，246）。同一墓地的墓 6 受到了破坏，不过出土了另一块青铜镜残片（阿尔泰国立大学阿尔泰考古学与民族学博物馆，藏品编号 No. 157/248）。这件器物被归入斯罗斯特卡文化，年代被定为公元 9 世纪至 10 世纪（Абдулганеев，Горбунов，Казаков，1995，c. 244，246）。

　　罗戈济赫 - Ⅰ墓地和近耶尔班 - ⅩⅥ墓地出土的让我们感兴趣的铜镜残片，边缘都不太高（图版二五、二六、二九），它们的背面装饰有中央带点的圆圈纹。类似的器物在中亚的一些遗址中发现过，年代属于公元 8 世纪中叶至 9 世纪（Распопова，1972，c. 67，рис. 1. –6 –7；Табалдиев，1999，c. 78，рис. 1. –4）。

与前几期相比，阿尔泰蒙古时期遗址的数量少了很多。阿尔泰国立大学阿尔泰考古学与民族学博物馆收藏的这一时期的器物都是在一些遗址发掘出来的（Тишкин，2009）。其中包括位于阿尔泰边疆区巴甫洛夫县耶鲁尼诺村附近的捷列乌特夫兹沃兹 – Ⅰ冢墓墓地。1993 年，阿尔泰国立大学考古队在 A. A. 卡扎科夫的领导下发掘了冢墓 1 的一座女性墓葬，发现了一块金属镜残片（Тишкин，Горбунов，Казаков，2002，рис. 5. –1），后来交给阿尔泰国立大学阿尔泰考古学与民族学博物馆保存（藏品编号 No. 163/592）。与之相同的器物（图版三四），以及外形特征存在相似之处的器物属于公元 13 世纪至 14 世纪，广泛发现于南乌拉尔、天山、哈萨克斯坦、新西伯利亚及托木斯克段鄂毕河（Лубо – Лесниченко，1975，рис. 10，11；Иванов，Кригер，1988，рис. 11. –19；Табалдиев，1996，рис. 46. –2；Плетнева，1997，c. 26；Мерц，Тишкин，2000，рис. 1. –3；2. –2 –4；Адамов，2000，рис. 89. –4；Тишкин，2006б；Тишкин，Ожередов，2010；и др. ）。捷列乌特夫兹沃兹 – Ⅰ墓地出土的半块金属镜的研究结果都发表在有关阿尔泰蒙古时期遗址的专著中（Тишкин，2009，c. 123 – 125）。但是这件器物仍然具有进一步分析的价值（Ожередов，2010；Тишкин，Ожередов，2010）。

总之，阿尔泰国立大学阿尔泰考古学与民族学博物馆收藏了一系列不同时期的金属镜。它们都属于金属铸造艺术，反映了铁器时代早期及中世纪时期阿尔泰山区及森林草原区的阿尔泰畜牧文化的发展过程。对这些器物的研究，能够让我们探讨遗址的年代、游牧民族军事政治和贸易交往的方向、复杂社会的形成及其他方面的问题。我们也有必要研究这些游牧民族的世界观的某些方面。与研究金属镜的外部特征（形态、图案）一样，分析制造器物所用合金的化学成分也是一个重要的研究方向。因为阿尔泰出土的部分铜镜还没有发表在学术出版物上，那么，我们的一个重要任务就是出版优质的图录。有关上述各个方面的一些研究结果，我们将在本书的下面几章中公布出来。

第二章　古代和中世纪铜镜图录

西伯利亚的各个博物馆现在拥有大量的考古资料，其中有一些完整的金属镜以及残片。像米奴辛斯克、托木斯克、阿巴坎、克拉斯诺亚尔斯克、新西伯利亚及其他城市的博物馆都拥有丰富的铜镜收藏。遗憾的是，现有的铜镜中只有一部分完全或部分地进入了学术领域。这种现象不仅出现在省级博物馆，而且出现在首都博物馆。导致这种现象的原因有很多。

E. И. 卢博–列斯尼琴科（1975）曾公布并分析了一大批金属镜（360 多面）。迄今为止，这本专著仍旧是研究博物馆收藏金属镜的基础。在过去的几十年里，古代和中世纪物质文化的器物的积累，因为考古工作的开展而得以继续。我们感兴趣的器物数量也在增加。这引起了人们对铜镜持久不衰的兴趣。因此，我们有必要在新的水平上进一步研究和总结前人的认识。在这一过程中，博物馆藏品的出版具有十分重要的意义，而图录则是提供器物资料的主要形式。出版考古器物的一种办法就是 M. П. 扎维图欣纳（1983）的专著，当然也有其他很多的例子。埃米塔什国立博物馆常常制作精美的图录，特别是举办专门展览的时候。关于普及和方便学者使用博物馆藏品还有一个很好的例子，就是克麦罗沃国立大学西伯利亚考古学、民族学和博物馆学博物馆的同事出版了一系列藏品的印刷版和电子版图录。

考古资料的系统化是当今研究的主要任务之一。本书提供了阿尔泰国立大学阿尔泰考古学与民族学博物馆出版馆藏铜镜图录的一种方式。博物馆藏品的展示，其主要组成部分不仅仅是器物的说明（说明可以变化），还有器物的线图。本图录收录了 34 面金属镜的信息。每一面铜镜都配有简要的说明，其中有器物的尺寸数据，以及其他相关信息，如发现地点、年代和有关文献等。铜镜所有的线图由 A. Л. 昆古罗夫绘制，照片由 A. A. 提什金拍摄。

图版一　马雷—贡宾斯基—科尔东 - Ⅰ墓地 1 墓 28 出土的铜镜

　　铜镜为圆饼状，个体较大，边缘不甚平整，背面近中心处焊接有桥形钮。镜的直径为 13.2 ～ 13.5 厘米，重量为 212 克。边缘凸棱的高度为 0.3 ～ 0.6 厘米。桥形钮的长度为 2.75 厘米，底部的宽度约为 1.4 厘米（中心为 0.5 厘米），高度稍大于 1 厘米。器物的保存状况不错，其表面覆盖有氧化物。这件金属镜是在发掘马雷—贡宾斯基—科尔东 - Ⅰ墓地 1 墓 28 时发现的。墓地位于巴尔瑙尔市西北 7 公里处，鄂毕河右岸。20 世纪 70 年代末和 20 世纪 80 年代后半期，Ю. Ф. 基留申、А. Л. 昆古罗夫、М. Т. 阿布杜尔甘涅耶夫发掘了这处墓地，发现了不同时期的墓葬。器物已经发表（Кунгуров，1999，рис. 2. -4），属于老阿列伊文化，年代为公元前 7 世纪末至公元前 6 世纪。现保存在阿尔泰国立大学阿尔泰考古学与民族学博物馆（藏品编号 No. 26/300）。

图版二　马雷—贡宾斯基—科尔东-Ⅰ墓地 1 墓 34 出土的铜镜

　　铜镜为圆饼状，个体较大，边缘出凸棱，中心有"四脚按钮"。铜镜的直径为 12.8 ~ 13 厘米，重量为 332 克。边缘的凸棱略微内倾，高度为 0.8 ~ 0.95 厘米。钮与镜面一起铸造，高度为 1.6 厘米。中央钮"脚"的厚度为 0.5 厘米。"按钮"的形状接近正方形，大小为 2 厘米 × 1.95 厘米。铜镜的保存状况不错，其表面覆盖有氧化物，局部可以看到铜锈。金属镜是在发掘马雷—贡宾斯基—科尔东-Ⅰ墓地 1 墓 34 时发现的。墓地位于巴尔瑙尔市西北 7 公里处，鄂毕河右岸。20 世纪 70 年代末和 20 世纪 80 年代后半期，Ю. Ф. 基留申、А. Л. 昆古罗夫、М. Т. 阿布杜尔甘涅耶夫发掘了这处墓地，发现了不同时期的墓葬。器物已经发表（Кунгуров, 1999, рис. 2. -5），属于老阿列伊文化，年代为公元前 7 世纪末至公元前 6 世纪。现保存在阿尔泰国立大学阿尔泰考古学与民族学博物馆（藏品编号 No. 26/303）。

图版三 马雷—贡宾斯基—科尔东 - I 墓地 1 墓 24 出土的铜镜

　　铜镜为圆饼状，个体不大，边缘出凸棱，背面中心有桥形钮。铜镜的直径为 7.1 厘米，重量为 72 克。边缘的凸棱略微内倾，高度为 0.4 ~ 0.5 厘米。桥形钮与镜面一起铸成，长度为 1.6 厘米，宽度为 0.5 厘米，高度为 0.85 厘米。铜镜的保存状况不错，其表面覆盖有氧化物，局部有腐蚀的痕迹。金属镜是在发掘马雷—贡宾斯基—科尔东 - I 墓地 1 墓 24 时发现的。墓地位于巴尔瑙尔市西北 7 公里处，鄂毕河右岸。20 世纪 70 年代末和 20 世纪 80 年代后半期，Ю. Ф. 基留申、А. Л. 昆古罗夫、М. Т. 阿布杜尔甘涅耶夫发掘了这处墓地，发现了不同时期的墓葬。器物已经发表（Кунгуров，1999，рис. 2. - 3），属于老阿列伊文化，年代为公元前 7 世纪末至公元前 6 世纪。现保存在阿尔泰国立大学阿尔泰考古学与民族学博物馆（藏品编号 No. 26/302）。

图版四　马雷—贡宾斯基—科尔东 - Ⅰ墓地 1 出土的铜镜（采集品）

　　铜镜为圆饼状，边缘锋利，背面中心有桥形钮。铜镜的直径为 7.7～7.85 厘米，厚度为 0.1～0.2 厘米，重量为 54 克。桥形钮与镜面一起铸成，长度为 1.55 厘米，中心的宽度为 0.5 厘米，高度为 0.65 厘米。铜镜的保存状况不错，其表面覆盖有氧化物和"贵金属"锈，有裂缝。金属镜是在考察马雷—贡宾斯基—科尔东 - Ⅰ墓地 1 的过程中偶然发现的。墓地位于巴尔瑙尔市西北 7 公里处，鄂毕河右岸。20 世纪 70 年代末和 20 世纪 80 年代后半期，Ю. Ф. 基留申、A. Л. 昆古罗夫、M. T. 阿布杜尔甘涅耶夫发掘了这处墓地，发现了不同时期的墓葬。器物已经发表（Кунгуров，1999，рис. 2. - 1），属于老阿列伊文化，年代为公元前 6 世纪。现保存在阿尔泰国立大学阿尔泰考古学与民族学博物馆（藏品编号 No. 26/301）。

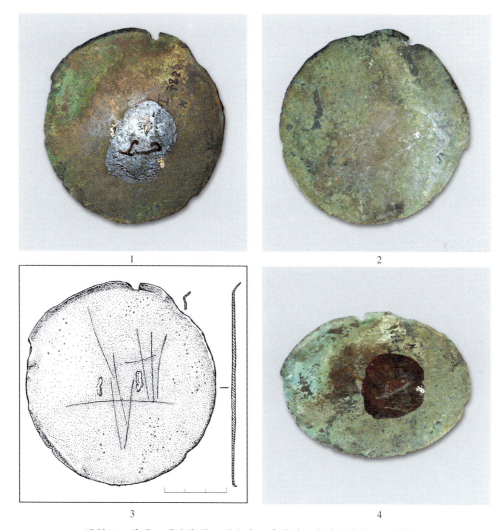

图版五　马雷—贡宾斯基—科尔东－Ⅰ墓地1出土的铜镜（采集品）

　　铜镜为薄圆饼状，边缘不甚整齐，凸棱已经残破。铜镜的直径为9.3～9.7厘米，重量为54克。桥形钮，从种种迹象来看，是焊接在镜面上的，位于背面的正中心，已经遗失。凸棱的高度为0.15～0.35厘米。铜镜保存相对不错，其表面覆盖有氧化物和一些不同缺陷，并有一些划痕"标记"。金属镜是在马雷—贡宾斯基—科尔东－Ⅰ墓地1进行收集工作时发现的。墓地位于巴尔瑙尔市西北7公里处，鄂毕河右岸。20世纪70年代末和20世纪80年代后半期，Ю. Ф. 基留申、А. Л. 昆古罗夫、М. Т. 阿布杜尔甘涅耶夫发掘了这处墓地，发现了不同时期的墓葬。器物已经发表（Кунгуров，1999，рис. 2. －2），属于老阿列伊文化，年代为公元前6世纪。现保存在阿尔泰国立大学阿尔泰考古学与民族学博物馆（藏品编号 No. 26/199）。

图版六　上耶兰达 - Ⅱ墓地冢墓 13 出土的铜镜

　　铜镜为圆饼状，镜面微外鼓，背面中心有"四脚按钮"。铜镜的直径为 10.55～10.7 厘米，厚度为 0.3～0.4 厘米，重量为 174 克。钮的高度为 1.8 厘米。钮呈菌形，大小为 2.15 厘米×2.25 厘米，中心"四脚"的厚度为 0.4 厘米，宽度达 0.6 厘米。铜镜保存状况不错，其表面覆盖有氧化物和铜锈。金属镜是在发掘上耶兰达 - Ⅱ墓地冢墓 13 时发现的。墓地位于阿尔泰边疆区切马尔县的耶兰达村，卡通河的右岸。1987 年，阿尔泰国立大学卡通考古队发掘了该墓地。器物已经发表（Степанова，Неверов，1994，рис. 11. - 1；Кирюшин，Степанова，2004，рис. 37. - 1），属于巴泽雷克文化，年代为公元前 6 世纪末至公元前 5 世纪。现保存在阿尔泰国立大学阿尔泰考古学与民族学博物馆（藏品编号 No. 125/80）。

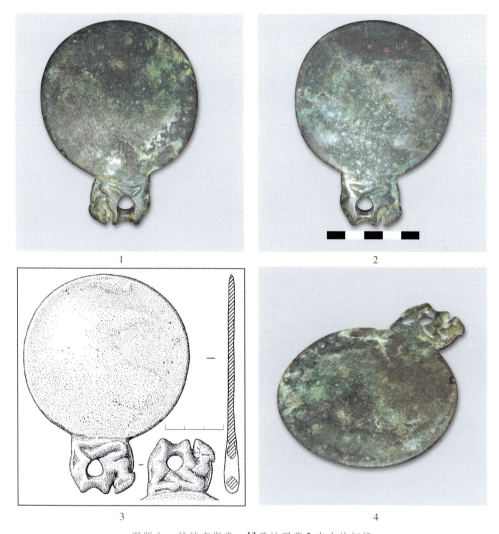

图版七 特特克斯肯－Ⅵ墓地冢墓 2 出土的铜镜

铜镜为圆饼状，镜面平整，一侧装有短手柄，手柄做成俯卧翘首双峰驼的样式。铜镜的直径为 8.5～8.75 厘米，厚度为 0.25～0.3 厘米，重量为 140 克。手柄带有用于悬挂的孔，孔的大小为 0.8 厘米×0.9 厘米，手柄的长度为 2.7～2.9 厘米，宽度为 3.2～3.6 厘米，厚度达 0.6 厘米。器物保存完好，其表面覆盖有氧化物和铜锈。铜镜是在发掘特特克斯肯－Ⅵ墓地冢墓 2 时发现的。墓地位于卡通河的左岸，阿尔泰边疆区切马尔县耶兰达村的对面。1988 年在 Ю. Ф. 基留申领导下，阿尔泰国立大学考古队发掘了该墓地。器物已经发表（Кирюшин, Степанова, Тишкин, 2003, рис. 50. –4; Кирюшин, Степанова, 2004, с. 106, рис. 38. –4; 88. –1），属于巴泽雷克文化，年代为公元前 6 世纪末至公元前 5 世纪初。现保存在阿尔泰国立大学阿尔泰考古学与民族学博物馆（藏品编号 No. 121/731）。

图版八　别洛库里哈市附近残墓出土的铜镜

　　铜镜为圆饼状，无凸棱，背面中央有很宽的桥形钮。铜镜的直径为 8.45~8.65 厘米，厚度为 0.25~0.35 厘米，重量为 110 克。桥形钮的长度为 2.4 厘米，底部的宽度达 1.15 厘米（中心为 0.85 厘米），高度为 1.2 厘米。铜镜的保存状况不错，表面覆盖有氧化物和铜锈，局部有腐蚀的痕迹。铜镜是在一座墓葬里发现的，2007 年在距离阿尔泰边疆区别洛库里哈市的科利采瓦娅街道 3 公里处进行道路施工时意外发现了这座墓葬。器物已经发表（Тишкин，Серегин，2009，фото9－10），年代初步定为公元前 6 世纪至公元前 5 世纪。铜镜暂时保存在阿尔泰国立大学阿尔泰考古学与民族学博物馆。

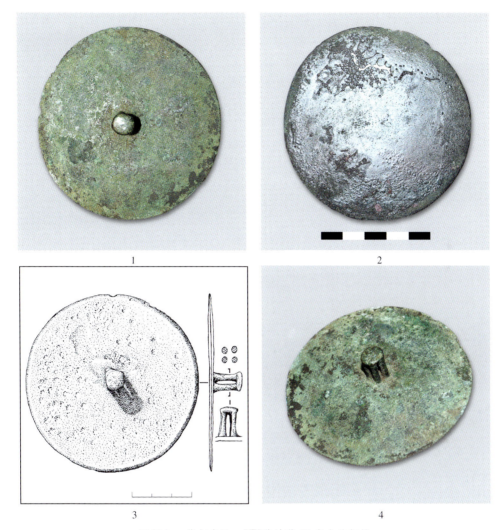

1　　　　　　　　　　　　　　2

3　　　　　　　　　　　　　　4

图版九　菲尔索沃 - XIV墓地墓58出土的铜镜

　　铜镜为圆饼状，薄体，背面近中心处有一个"四长脚按钮"。铜镜的直径为8.7～8.85厘米，厚度为0.1～0.2厘米，重量为74克。钮的高度为1.5厘米，钮面大小为0.95×1.05厘米，支脚的中心厚度为0.3～0.35厘米。铜镜的保存状况不错，表面覆盖有氧化物，边缘的局部区域有断裂的现象。金属镜是在菲尔索沃 - XIV墓地墓58中发掘出土的。墓地位于阿尔泰边疆区佩尔沃迈县同名村附近，鄂毕河右岸。从1987年至1993年，阿尔泰国立大学鄂毕河考古队在 А. Б. 沙姆申的领导下发掘了该墓地。器物已经发表（Фролов, Шамшин, 1999, рис. 1. - 23；Фролов, 2009, рис. 132. - 1），归属老阿列伊文化，年代为公元前6世纪至公元前5世纪。现保存在阿尔泰国立大学阿尔泰考古学与民族学博物馆（藏品编号 No. 74/368）。

图版一〇 阿尔泰共和国出土的铜镜（采集品）

铜镜为圆饼状，个体较大，一侧有手柄。铜镜的直径为 11.6 ~ 11.8 厘米，厚度为 0.5 ~ 0.7 厘米，重量为 164 克。手柄剩余部分的长度为 1.7 厘米，宽度为 4 厘米。铜镜的保存现状糟糕：整个表面被严重腐蚀，有很多裂纹，其中部分已经裂透，同时还有一个缺口。铜镜是在今天的阿尔泰共和国翁古代县进行道路施工时发现的，出自一座被破坏的女性墓，20 世纪 70 年代末大学生 Ю. 马克舍夫将其送至阿尔泰国立大学。器物已经发表（Тишкин，Серегин，2009，фото 13 – 14），年代可能为公元前 6 世纪至公元前 5 世纪。现保存在阿尔泰国立大学阿尔泰考古学与民族学博物馆（藏品编号 No. 73/1）。

图版一一　卡斯塔赫特墓地冢墓 28 出土的铜镜

　　铜镜为圆饼状，表面不甚平整，一侧有短手柄，但是手柄部分没有铸造完整。镜面的直径为
6.7～6.9 厘米，厚度为 0.25～0.32 厘米，重量为 74 克。手柄的长度为 3.6 厘米，宽度为 1.85 厘米，
上面有铸缝和水滴形状的孔，孔径为 1.3 厘米 ×0.8 厘米。铜镜的保存状况不错，表层氧化物已经用
化学方法清除掉了。金属镜是在发掘卡斯塔赫特墓地冢墓 28 时发现的。墓地位于阿尔泰共和国乌斯
季科克萨县的同名村附近，卡通河的左岸。1983 年阿尔泰国立大学考古队阿尔泰分队发掘了部分冢
墓。器物已经发表（Степанова，1987，рис. 5. - 2；Кирюшин，Степанова，2004，рис. 36. - 10），
归属巴泽雷克文化，年代为公元前 5 世纪末至公元前 4 世纪。现保存在阿尔泰国立大学阿尔泰考古学
与民族学博物馆（藏品编号 No. 41/138）。

图版一二　佩尔沃迈墓地出土的铜镜（采集品）

　　铜镜为圆饼状，一侧有短手柄。镜面的直径为 7.5～7.7 厘米，厚度为 0.2～0.25 厘米，重量为 79 克。手柄略微弯曲，其长度和宽度均为 2～3 厘米。手柄上有两个大小分别为 0.7 厘米×0.55 厘米和 0.25 厘米×0.2 厘米的孔，还有一个折断，或者更有可能铸造完整的桥形钮。铜镜保存状况不错，表面覆盖有氧化物和铜锈。20 世纪 60 年代波别达村的居民 П. Ф. 雷任科在阿尔泰边疆区采林县的佩尔沃迈墓地发现了这面金属镜。器物已经发表（Кунгуров，Горбунов，2001，рис. 5. -3），归属贝斯特良文化，年代为公元前 5 世纪至公元前 4 世纪。现保存在阿尔泰国立大学阿尔泰考古学与民族学博物馆（藏品编号 No. 188/1）。

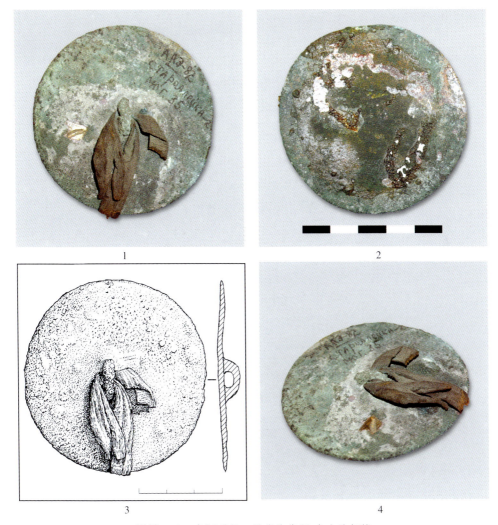

图版一三 老阿列伊－Ⅱ墓地墓 35 出土的铜镜

　　铜镜为圆饼状，镜面平整，背面中心有一个桥形钮，上面系有用于悬挂的皮带。铜镜的直径为 6.6~6.8 厘米，厚度为 0.15~0.3 厘米，重量为 40 克。桥形钮和镜面一起铸成，长度为 1.5 厘米，中心宽度为 0.5 厘米，高度为 0.55 厘米。铜镜的保存状况不错，表面覆盖有氧化物和腐蚀，局部有铜锈。铜镜是在发掘老阿列伊－Ⅱ墓地墓 35 时发现的。墓地位于阿尔泰边疆区托普奇哈县阿列伊河右岸，鄂毕河河口附近。1980 年至 1982 年及 1986 年，阿尔泰国立大学考古队在 Ю. Ф. 基留申的领导下对这个墓地进行了发掘。器物已经发表（Кирюшин，Кунгуров，1996，рис. 9. – 13），归属老阿列伊文化，年代为公元前 5 世纪。现保存在阿尔泰国立大学阿尔泰考古学与民族学博物馆（藏品编号 No. 35/487）。

图版一四　特特克斯肯－Ⅵ墓地冢墓 80 出土的铜镜

　　铜镜为圆饼状，表面平整，一侧带有短手柄。镜面的直径为 6.9~7.1 厘米，厚度为 0.2~0.3 厘米，重量为 72 克。手柄的长度为 2 厘米，宽度达 2.95 厘米，手柄上有大小为 1.45 厘米×0.95 厘米的椭圆形孔。保存状况不错，其表面覆盖有氧化物，局部有铜锈。铜镜是在发掘特特克斯肯－Ⅵ墓地冢墓 80 时发现的。墓地位于卡通河左岸，与阿尔泰共和国切马尔县耶兰达村的东边相对。2006 年阿尔泰国立大学考古队发掘了该墓地，发掘资料已经简要发表了（Кирюшин，Кунгуров，Тишкин，Матренин，2006）。器物属于巴泽雷克文化，其年代为公元前 5 世纪至公元前 4 世纪。现保存在阿尔泰国立大学阿尔泰考古学与民族学博物馆（藏品编号 No.587/1）。

图版一五　特特克斯肯－Ⅵ墓地冢墓 94 出土的铜镜

　　小铜镜为圆饼状，表面平整，一侧有短手柄，上有小孔，被用于悬挂的皮条残块堵塞了。镜面的直径为 5~5.35 厘米，厚度为 0.15~0.25 厘米，重量为 36 克。手柄的长度为 1.5 厘米，宽度为 1.75~1.95 厘米。铜镜保存状况不错，其表面覆盖有氧化物。铜镜是在发掘特特克斯肯－Ⅵ墓地冢墓 94 时发现的。墓地位于卡通河左岸，与阿尔泰共和国切马尔县耶兰达村的东边相对。2006 年阿尔泰国立大学考古队发掘了该墓地。器物已经发表（Кирюшин，Кунгуров，Тишкин，Матренин，2006，рис. 2. −3），归属巴泽雷克文化，年代为公元前 5 世纪至公元前 4 世纪。现保存在阿尔泰国立大学阿尔泰考古学与民族学博物馆（藏品编号 No. 587/2）。

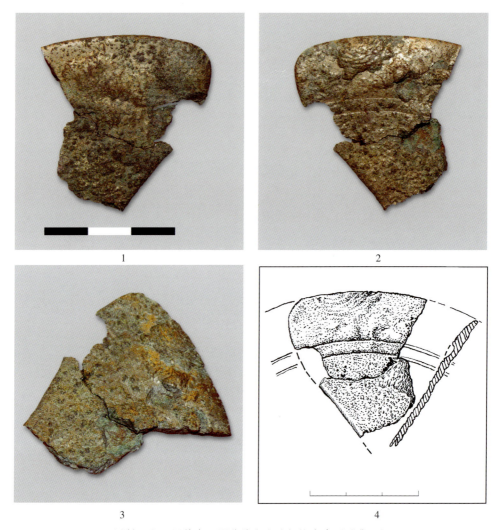

图版一六　巴赫奇－Ⅺ墓地出土的铜镜残片（采集品）

　　铜镜残片的大小为4.25厘米×3.9厘米，重量大约为10克，外形不规则。铜镜的厚度为0.15～0.25厘米。保存状况糟糕：它由两块残片粘接而成，表面受到了腐蚀和氧化。局部表面残存金色，边缘内侧可以看到两条平行弧线，边缘本身比中心区域稍厚，宽达1.35厘米。20世纪80年代初期，鲁布佐夫县的方志学家Г. А. 克柳金在奥尔村（以前属于哈萨克斯坦苏维埃社会主义共和国的谢米巴拉金斯克州博罗杜林斯克县）的西瓜地，靠近阿尔泰边疆区西南部边境处，发现了这件器物。器物已经发表（Кирюшин, Клюкин, 1985, с. 95, рис. 24. – 18；Тишкин, Серегин, 2009, фото 15 – 16），初步归入卡门文化，年代为公元前1世纪下半叶。现保存在阿尔泰国立大学阿尔泰考古学与民族学博物馆（藏品编号 No. 28/209）。

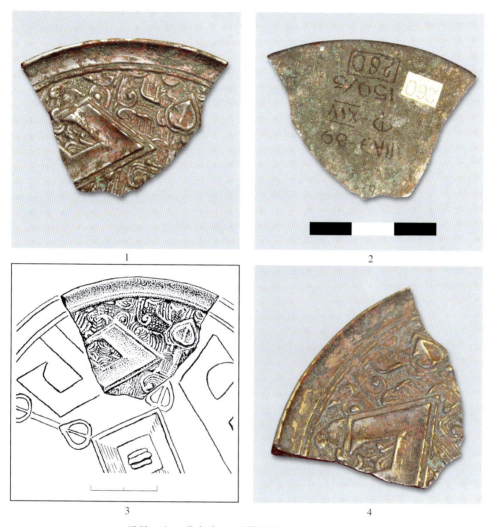

图版一七　菲尔索沃 - XIV墓地出土的铜镜残片

　　铜镜残存部分大小为4.95厘米×3.68厘米，重量大约为14克。边缘的凸棱高度为0.38厘米，图案部分的镜面厚度为0.1～0.2厘米。保存状况不错。正面平整，上面覆盖氧化物。背面填充的是公元前4世纪末期至公元前3世纪的中国铜镜的典型花纹："T"形纹、花瓣纹、浮雕"蟠螭纹"及图案。这块残片是在发掘菲尔索沃 - XIV墓地时发现的。遗址位于阿尔泰边疆区佩尔沃迈县的同名村附近，鄂毕河的右岸。1987年至1993年，阿尔泰国立大学鄂毕河考古队在A. Б. 沙姆申的领导下对此墓地进行了发掘。器物已经发表（Кирюшин，Шамшин，Нехведавичюс，1994，рис.1；Тишкин，Хаврин，2006，рис.2；5. -1）。现保存在阿尔泰国立大学阿尔泰考古学与民族学博物馆（藏品编号No. 74/369）。

图版一八　亚洛曼－Ⅱ墓地冢墓 51 出土的铜镜残片

　　铜镜残片大小为 4.8 厘米×2.8 厘米，重量大约为 8 克。其厚度为 0.25～0.4 厘米。由于完全腐蚀和破碎，铜镜的保存状况不好。铜镜上的图案不清晰。铜镜残片是在发掘亚洛曼－Ⅱ墓地冢墓 51 的过程中发现的。墓地位于阿尔泰共和国翁古代县，卡通河的左岸，大亚洛曼河的河口附近。2001 年起，阿尔泰国立大学亚洛曼考古队在 A. A. 提什金的领导下，对该墓地作了若干季度的发掘。器物出土于一座公元前 2 世纪至公元前 1 世纪的墓葬，属于布郎—科巴文化早期。器物已经发表（Тишкин, Хаврин, 2004；2006, рис. 4. – г；Тишкин, 2006а）。现保存在阿尔泰国立大学阿尔泰考古学与民族学博物馆（藏品编号 No. 181/663）。

图版一九 亚洛曼－Ⅱ墓地冢墓 52 出土的铜镜残片

　　铜镜残片大小为 7.75 厘米×6.1 厘米，重量大约为 42 克。其厚度为 0.1～0.2 厘米。其保存现状不错，但是局部表面覆盖有氧化物。图案为公元前 3 世纪中国铜镜的典型图案，主要由两条略微凸起的光滑条纹（分别位于边缘和接近中心的地方）构成，一条条纹形成了一个锐角带。在这些条纹内外填满了涡纹。铜镜残片是在发掘亚洛曼－Ⅱ墓地冢墓 52 的过程中发现的。墓地位于阿尔泰共和国翁古代县，大亚洛曼河的河口附近。阿尔泰国立大学亚洛曼考古队在 A. A. 提什金的领导下发掘了该墓地。这件器物出自一座公元前 2 世纪至公元前 1 世纪的墓葬里，属于布郎—科巴文化早期。器物已经发表（Тишкин，Хаврин，2004；2006，рис. 4. -6；5. -6）。现保存在阿尔泰国立大学阿尔泰考古学与民族学博物馆（藏品编号 No. 181/680）。

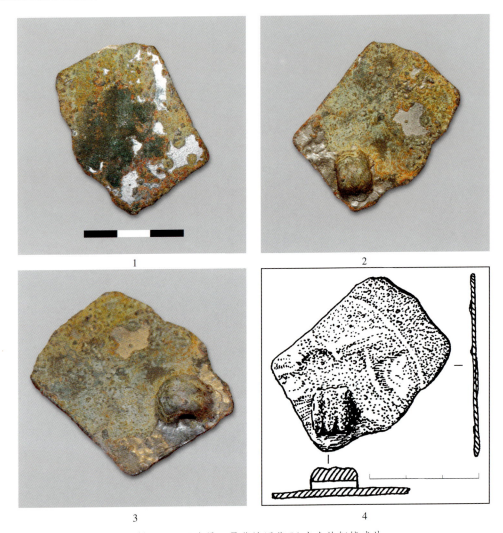

图版二〇　亚洛曼–Ⅱ墓地冢墓 56 出土的铜镜残片

　　铜镜残片大小为 4.7 厘米×3.5 厘米，重量大约为 18 克。桥形钮长度为 1.4 厘米，宽度为 1.05 厘米，高度达 0.6 厘米。它的一侧有两条凹槽和三个凸棱。钮孔的直径约为 0.5 厘米。镜面的厚度为 0.15～0.2 厘米。保存状况较好。铜镜的表面被腐蚀，图案已看不清楚。它是在发掘亚洛曼–Ⅱ墓地冢墓 56 的过程中发现的。墓地位于阿尔泰共和国翁古代县，大亚洛曼河的河口附近。阿尔泰国立大学亚洛曼考古队在 A. A. 提什金的领导下发掘了该墓地。这件器物出自一座公元前 2 世纪至公元前 1 世纪的墓葬里，属于布郎—科巴文化早期。器物已经发表（Тишкин，Харвин，2004；2006，рис. 4. –a；5. –5）。现保存在阿尔泰国立大学阿尔泰考古学与民族学博物馆（藏品编号 No. 181/916）。

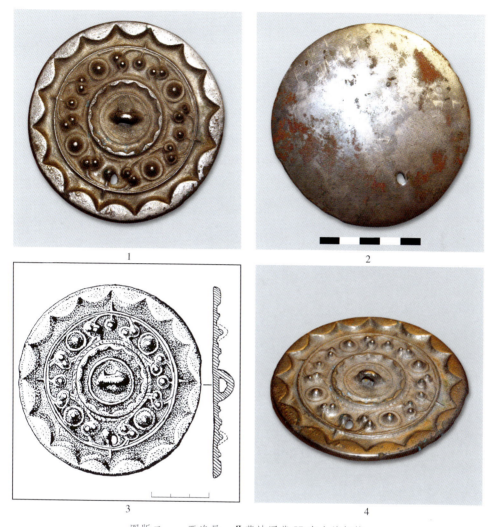

图版二一　亚洛曼－Ⅱ墓地冢墓 57 出土的铜镜

　　铜镜为圆饼状，直径为 9.6~9.9 厘米，边缘为连弧纹带。铜镜的重量为 129 克。中央的图案区以一条宽沿为边，里面填充大小不一的乳丁和凸棱。铜镜的中心有一个和镜面一起铸成的桥形钮，钮的长度为 1.8 厘米，中心宽度为 0.45 厘米，高度为 0.6 厘米。钮孔为椭圆形，大小为 0.6 厘米×0.4 厘米。边缘的厚度约为 0.35 厘米。铜镜保存很好，只个别地方受到了腐蚀。这件没有铸造成功的铜镜是在发掘亚洛曼－Ⅱ墓地冢墓 57 的过程中发现的。墓地位于阿尔泰共和国翁古代县，大亚洛曼河的河口附近。阿尔泰国立大学亚洛曼考古队在 A. A. 提什金的领导下发掘了该墓地。这件器物出自一座公元前 2 世纪至公元前 1 世纪的墓葬里，属于布郎—科巴文化早期。器物已经发表（Тишкин，Хаврин，2004；2006，рис. 3；5. -3）。现保存在阿尔泰国立大学阿尔泰考古学与民族学博物馆（藏品编号 No. 181/918）。

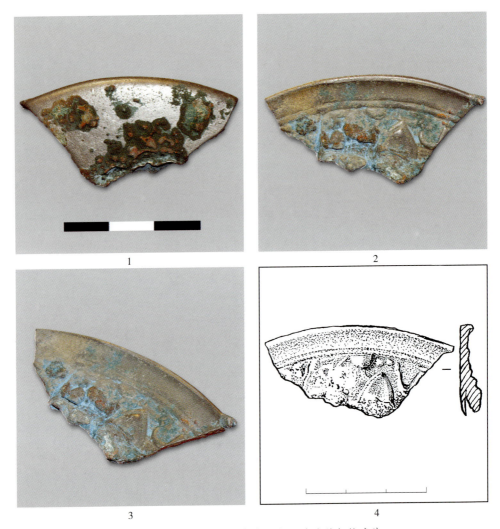

图版二二　亚洲曼－Ⅱ墓地冢墓 61 出土的铜镜残片

　　铜镜残片不大，为 4.65 厘米×2.25 厘米，重量大约为 10 克。边缘凸棱的高度为 0.3 厘米，镜面的厚度为 0.15~0.2 厘米。保存相对较好，局部表面被腐蚀，覆盖有氧化物。在背面可以清楚地看到公元前 4 世纪至公元前 3 世纪末期中国铜镜的典型图案。这件铜镜残片是在发掘亚洲曼－Ⅱ墓地冢墓 61 的过程中发现的。墓地位于阿尔泰共和国翁古代县，大亚洲曼河的河口附近。阿尔泰国立大学亚洲曼考古队在 A. A. 提什金的领导下发掘了该墓地。这件器物出自一座公元前 2 世纪至公元前 1 世纪的墓葬里，属于布郎—科巴文化早期。器物已经发表（Тишкин，Хаврин，2004；2006，рис. 4. -в）。现保存在阿尔泰国立大学阿尔泰考古学与民族学博物馆（藏品编号 No. 181/1312）。

图版二三　希别－Ⅱ墓地冢墓3出土的铜镜

　　铜镜为圆饼状，直径6～6.1厘米，边缘凸棱的高度为0.3～0.4厘米，重量为52克。中央的图案区以两条凸棱为边，里面描绘两条浮雕的风格化的龙纹。中心是和镜面一起铸造的桥形钮，长1.1厘米，中心宽度为0.7厘米，高度为0.45厘米。钮孔的直径为0.3厘米。保存状况很好。铜镜是在发掘希别－Ⅱ墓地冢墓3的过程中发现的。墓地位于阿尔泰共和国翁古代县的同名村附近。1986年，阿尔泰国立大学考古队在Ю. Т. 马马达科夫的领导下对墓地作了发掘（Мамадаков, Цыб，1993）。铜镜发现于突厥文化的墓葬中，其年代为公元7世纪至8世纪。器物已经发表（The Altay culture, 1995，с. 144，фото 172）。现保存在阿尔泰国立大学阿尔泰考古学与民族学博物馆（藏品编号No. 120/4）。

1　　　　　　　　　　　　　2

3　　　　　　　　　　　　　4

图版二四　希别－Ⅱ墓地冢墓18出土的铜镜

　　铜镜为圆饼状，直径为6.85～6.9厘米，边缘凸棱的高度为0.25～0.3厘米，重量为50克。中央图案区的图案非常风格化，但模糊不清，其边缘为两条凸起的条纹带所围绕，其中一条为线条，另外一条为三角形带。中心是和镜面一起铸造的桥形钮，长1.25厘米，底部宽度为0.7厘米（中心宽度为0.4厘米），高度为0.5厘米。钮孔的直径约为0.4厘米。保存状况很好。铜镜是在发掘希别－Ⅱ墓地冢墓18的过程中发现的。墓地位于阿尔泰共和国翁古代县的同名村附近。1986年，阿尔泰国立大学考古队在Ю. Т. 马马达科夫的领导下对墓地作了发掘（Мамадаков，Цыб，1993）。铜镜发现于一座突厥文化的墓葬中，其年代为公元7世纪至8世纪。器物已经发表（The Altay culture，1995，с. 144，фото 172）。现保存在阿尔泰国立大学阿尔泰考古学与民族学博物馆（藏品编号 No. 120/5）。

图版二五　近耶尔班 – XVI墓地墓6出土的铜镜残片

　　铜镜残片大小为7.25厘米×6.8厘米，重量大约为52克。边缘凸棱的高度为0.45～0.55厘米，镜面的厚度为0.25～0.35厘米。保存较好。整个表面几乎都被腐蚀。图案已看不清楚。铜镜残片是在发掘近耶尔班 – XVI墓地墓6的过程中发现的。该墓地位于阿尔泰边疆区托普奇哈县乔佐沃村附近，鄂毕河的右岸。1993年和1994年，阿尔泰国立大学考古队发掘了这处墓地。铜镜残片出自一座斯罗斯特卡文化的墓葬中，其年代为公元9世纪至10世纪。器物已经发表（Абдулганеев，Горбунов，Казаков，1995，рис. 2. – 12）。现保存在阿尔泰国立大学阿尔泰考古学与民族学博物馆（藏品编号 No. 157/248）。

1　　　　　　　　　　2

3　　　　　　　　　　4

图版二六　近耶尔班 – XVI墓地墓9出土的铜镜残片

　　铜镜残片大小为11.35厘米×3.85厘米，重量大约为32克。边缘略微鼓起的凸棱高度平均为0.25厘米，镜面的厚度为0.1~0.2厘米。背面装饰中心带点的圆圈纹，在茬口处还可以看见许多划痕。保存状况较好。表面大部分都被腐蚀，局部还可以看见"贵金属"锈。铜镜残片是在发掘近耶尔班 – XVI墓地墓9的过程中发现的。该墓地位于阿尔泰边疆区托普奇哈县乔佐沃村附近，鄂毕河的右岸。1993年和1994年，阿尔泰国立大学考古队发掘了这处墓地。器物已经发表（Абдулганеев，Горбунов，Казаков，1995，рис. 2. –8）。根据现有的相似文物判断，其年代为公元8世纪至9世纪。现保存在阿尔泰国立大学阿尔泰考古学与民族学博物馆（藏品编号 No. 157/221）。

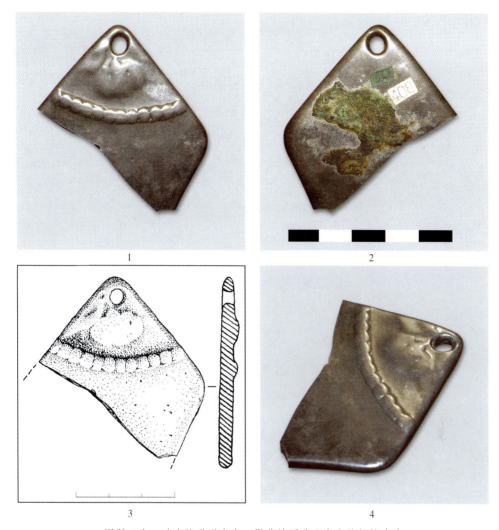

图版二七 叶卡捷琳诺夫卡-Ⅲ墓地冢墓5出土的铜镜残片

铜镜残片大小为5.6厘米×3.55厘米,重量为50克。保存状况较好。表面、经过打磨的边缘以及缺口的表面覆盖有"贵金属"锈,但局部可以看到腐蚀的部分。铜镜一面以凸棱为边,里面装饰模糊的图案,也可以看到个别的划痕。镜面厚度为0.4~0.5厘米。铜镜上的圆孔直径为0.45厘米×0.4厘米。铜镜残片是在发掘叶卡捷琳诺夫卡-Ⅲ墓地冢墓5时发现的。墓地位于阿尔泰边疆区库伦达县的同名村附近。1988年阿尔泰国立大学考古队在 B. C. 乌达多夫和 А. Б. 沙姆申的领导下对它作了发掘。铜镜残片发现于一座斯罗斯特卡文化的墓葬中,其年代为公元10世纪。器物已经发表(The Altay culture, 1995, c. 146, фото 178)。现保存在阿尔泰国立大学阿尔泰考古学与民族学博物馆(藏品编号 No. 144/151)。

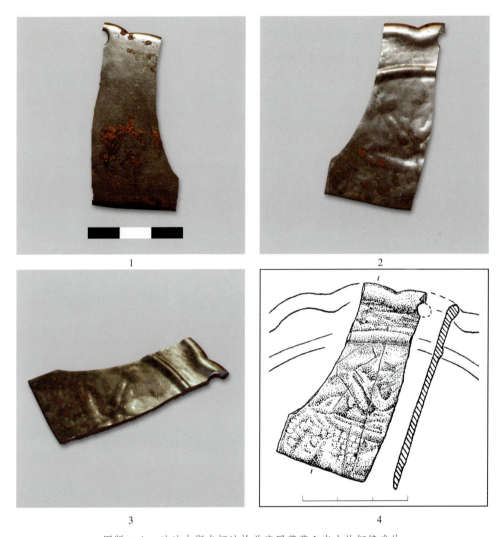

图版二八　波波夫斯卡娅达恰单座冢墓墓 1 出土的铜镜残片

　　铜镜残片大小为 5.6 厘米 ×2.75 厘米，重量约为 16 克。铜镜一面有图案，但是不清晰，周围有
一圈凸棱，也可以看到一些划痕。铜镜的边缘有打磨和折断的痕迹。边缘不甚整齐，上有半个圆孔，
直径为 0.35 厘米。残片的厚度为 0.15～0.3 厘米。保存状况不错。表面覆盖一层"贵金属"锈，个
别地方可见到腐蚀的痕迹。这块残片是在发掘波波夫斯卡娅达恰单座冢墓墓 1 的过程中发现的。这座
冢墓位于阿尔泰边疆区阿列伊县的别兹戈洛索沃村附近。2001 年阿尔泰国立大学阿列伊考古队在
A. A. 提什金的领导下作了发掘。出土铜镜残片的墓葬属于斯罗斯特卡文化，其年代为公元 10 世纪
后 25 年至 11 世纪前 25 年。器物已经发表（Горбунов，Тишкин，2001，рис. 1. － 25）。现保存在阿
尔泰国立大学阿尔泰考古学与民族学博物馆（藏品编号 No. 167/70）。

图版二九　罗戈济赫－Ⅰ墓地冢墓 10 出土的铜镜残片

　　铜镜残片大小为 9.15 厘米 ×4.2 厘米，重量约为 28 克。边缘微卷，厚度不过 0.2 厘米，镜面的平均厚度为 0.15 厘米。背面装饰中心带点的圆圈纹，也可以看见一些划痕。保存状况不错。表面覆盖一层铜锈，个别地方可见到被腐蚀的痕迹。铜镜残片是在发掘罗戈济赫－Ⅰ墓地冢墓 10 的过程中发现的。该墓地位于阿尔泰边疆区巴甫洛夫县的同名村附近。1985 年，阿尔泰国立大学考古队在А. Б. 沙姆申的领导下对中心墓葬作了发掘。器物所在的墓葬属于斯罗斯特卡文化，年代为公元 10 世纪下半叶至 11 世纪上半叶。器物已经发表（Неверов，1990；Тишкин，Горбунов，2000，рис.1. -15；Уманский，Шамшин，Шульга，2005，рис.34. -12）。现保存在阿尔泰国立大学阿尔泰考古学与民族学博物馆（藏品编号 No. 141/30）。

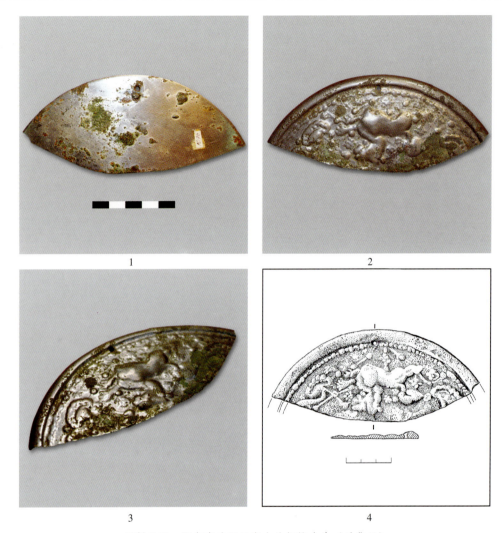

图版三〇　阿尔泰边疆区出土的铜镜残片（采集品）

　　铜镜残片大小为 13.6 厘米 ×5.75 厘米，重量为 117 克。边缘凸棱的高度为 0.35~0.4 厘米，镜面的厚度由中间向边缘增加（从 0.15 厘米到 0.35 厘米）。中央图案不甚清晰，周围为一圈两个大小不同的乳丁交错而成的凸棱，中央有奔跑的动物形象和其他浮雕图案。在边缘凸棱与图案区周围凸棱之间有一个穿孔，孔径为 0.25 厘米。保存状况不错。表面覆盖有"贵金属"锈，很多地方还可以看到破坏性的腐蚀痕迹。铜镜残片发现于阿尔泰边疆区内，但是详细情况不明。铜镜属于一种公元 8 世纪至 9 世纪的中国产品。器物已经发表（Тишкин，Серегин，2009，фото 11－12），它可能属于斯罗斯特卡文化。现保存在阿尔泰国立大学阿尔泰考古学与民族学博物馆（藏品编号 No. 173/16）。

图版三一　乌斯季—沙蒙尼赫－Ⅰ墓地墓葬出土的铜镜

　　铜镜为圆饼状，直径为 8.35~8.5 厘米，边缘凸棱的高度为 0.5 厘米，重量为 89 克。背面中央有一个与镜面一起铸造的桥形钮，长 1.4 厘米，中心宽度为 0.4 厘米，高度为 0.6 厘米。钮孔向一侧倾斜，直径为 0.25 厘米。在边缘与桥形钮之间还有一圈凸棱。铜镜的保存状况不错，表面覆盖铜锈和破坏性的腐蚀。器物存在缺陷，上有空隙，人们曾经补铸过。背面加工粗糙。铜镜是在发掘乌斯季—沙蒙尼赫－Ⅰ墓地的一座墓葬时发现的。墓地位于阿尔泰边疆区采林县的波别达村附近。1990年，阿尔泰国立大学考古队东分队在 A. Л. 昆古罗夫的领导下对墓地作了发掘。器物已经发表（Горбунов，1992，рис. 3），器物所在的墓葬属于斯罗斯特卡文化，年代为公元 9 世纪至 10 世纪。现保存在阿尔泰国立大学阿尔泰考古学与民族学博物馆（藏品编号 No. 154/5）。

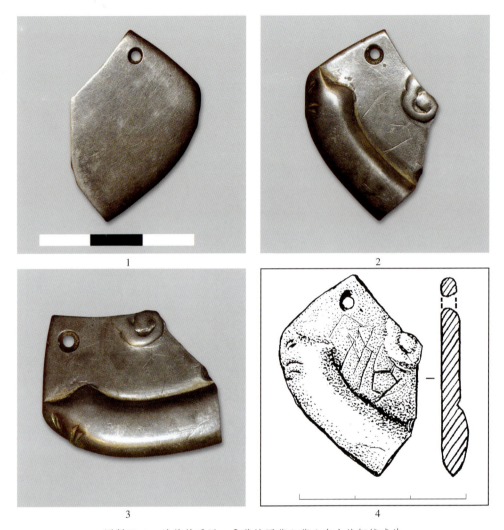

图版三二　沙德林采沃－Ⅰ墓地冢墓 1 墓 4 出土的铜镜残片

　　铜镜残片大小为 3.55 厘米×2.6 厘米，重量约为 17 克。保存状况很好，表面覆盖有"贵金属"
锈。背面有划痕。边缘有凸棱，厚度达 0.45 厘米，中央可见浮雕图案的一小部分。穿孔的直径一面
为 0.35 厘米，另一面缩小至 0.2 厘米。从缺口判断，镜面中央部位的厚度为 0.3~0.35 厘米。铜镜
残片是在发掘沙德林采沃－Ⅰ墓地冢墓 1 墓 4 的过程中发现的。墓地位于阿尔泰边疆区塔利缅县的同
名村附近，1979 年阿尔泰国立大学考古队对其作了发掘。器物所在的墓葬属于斯罗斯特卡文化，年
代为公元 10 世纪下半叶至 11 世纪上半叶。器物已经发表（Неверов，Горбунов，1993，рис. 5. -5）。
现保存在阿尔泰国立大学阿尔泰考古学与民族学博物馆（藏品编号 No. 135/1）。

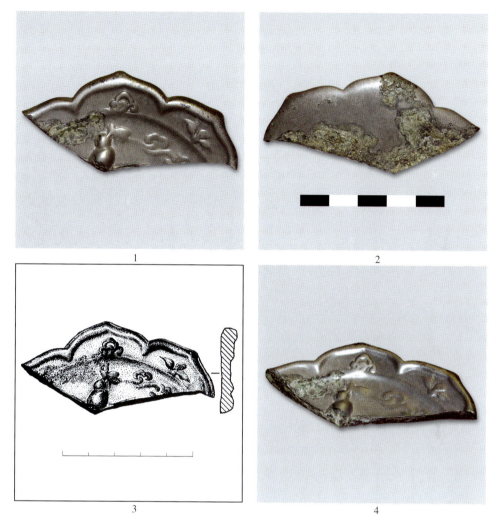

图版三三　亚罗夫斯科耶－Ⅲ墓地冢墓 1 出土的铜镜残片

　　铜镜残片大小为 7.4 厘米 × 3.35 厘米，重量约为 61 克。铜镜的边缘做成括号形，高度为 0.6 ~ 0.7 厘米，并装饰风格化的花卉，与棕榈叶交错分布。中央图案区以细凸棱为界与边缘分开，镜面的厚度也从 0.55 厘米减小到 0.4 厘米。残片上可以看到鸟与花叶浮雕的上部。保存状况不错。表面有"贵金属"锈，个别地方可见腐蚀的痕迹。铜镜残片是在发掘亚罗夫斯科耶－Ⅲ墓地冢墓 1 的过程中发现的。墓地位于阿尔泰边疆区阿列伊县的别兹戈洛索沃村附近，1997 年阿尔泰国立大学阿列伊考古队在 A. A. 提什金的领导下发掘了这处墓地。器物所在的墓葬属于斯罗斯特卡文化，年代为公元 9 世纪至 10 世纪初。器物已经发表（Тишкин，Горбунов，1998，рис. 1. － 12）。现保存在阿尔泰国立大学阿尔泰考古学与民族学博物馆（藏品编号 No. 164/5）。

图版三四　捷列乌特夫兹沃兹－Ⅰ墓地冢墓1出土的铜镜残片

　　铜镜残片大小为8.75厘米×5厘米，重量约为30克。镜的厚度为0.1~0.2厘米。铜镜上的图案不甚清晰，局部已经漫漶。边缘以两条凸棱围成一圈凹槽，其内侧为一周乳丁半圆纹和怪异涡纹交错形成的条纹。内区由四个对称的图案组成，并以两条凸棱与前面的区域分开。保存状况不错，表面的氧化物已经除去，但是还能看到腐蚀的部分。铜镜残片是在发掘捷列乌特夫兹沃兹－Ⅰ墓地冢墓1的过程中发现的。墓地位于阿尔泰边疆区巴甫洛夫县的耶鲁尼诺村附近，1993年阿尔泰国立大学考古队在A. A. 卡扎科夫的领导下作了发掘。器物所在的墓葬属于卡尔马茨文化，年代为公元13世纪后三十多年至14世纪初期。器物已经发表（Тишкин и др.，2002，рис. 5. －1）。现保存在阿尔泰国立大学阿尔泰考古学与民族学博物馆（藏品编号No. 163/592）。

　　上面我们主要按照地域—年代的原则整理了铜镜。它们在一定程度上反映了公元前 7 世纪下半叶至公元 14 世纪的阿尔泰山区及森林草原区文化的金属镜使用传统的发展动态。可惜的是，这个序列存在一些缺环。我们相信，阿尔泰国立大学阿尔泰考古学与民族学博物馆中继续增加的藏品将会弥补这些缺环。在本书的封底我们附了一张自然地理地图，上面标出了出土铜镜的考古遗址的位置。

　　上述编写图录的方法可以用于发表博物馆的其他展品。这种展示不仅可以发掘馆藏文物资料的学术潜力，而且可以反映藏品的历史文化价值。

　　文字说明中文物的大部分尺寸是用游标卡尺测量的。重量是由邮局用的电子秤来称量的（允许误差为 +1 克）。

　　图录中没有叙述铜镜所用金属的化学成分的详细特征，下一章我们将阐述这个问题。

第三章　X 射线荧光分析及金属镜化学成分的测定结果

　　上一章所展示的金属镜我们使用了两种光谱仪作了分析。起初，C. B. 哈夫林①在埃米塔什国立博物馆科技部利用固定仪器 ArtTAX（德国生产）对部分器物和一些送来的样品作了检测。检测时使用电压为 50 千兆，电流强度为 700 毫安时。光谱累积时间为 100 秒。对不同成分的灵敏度最低限为 0.1% ~ 0.2%。检测的部分结果已经发表在学术文献上（Тишкин，Хаврин，2004；2006；Дашковский，Тишкин，Хаврин，2007；Тишкин，2008；и др.）。在所获得的数据的基础上，我们进一步开展多方面的检测，以判断本书所研究的铜镜的化学成分。阿尔泰国立大学考古学、民族学和博物馆学教研室在得到了一台便携式 X 射线荧光光谱仪 ALPA SERIES™ Alpha – 2000（美国生产）以及试验台、掌上电脑及其他辅助设备后，就可以实施这样的研究了。上述设备的购置主要得到了俄罗斯基础研究基金会的资金支持，也得到了其他基金会的辅助资助。X 射线荧光光谱仪可以用于样品和器物的化学成分的无损定量分析，适用对象包括有色金属、钢、不同合金、矿石、土壤、液体及粉末的检测。在正常运行状态下，该仪器能够检测到 0.01% 以上含量的元素；在分析金属矿石的情况下，能够检测到 0.001% 以上含量的元素。使用 X 射线荧光光谱仪分析古代和中世纪铜镜所得的结果，与以前测得的数据一起，详细地列在下文中。在这些数据之外我们还补充了其他信息，这是因为这些器物以前就已经提取了样品送到托木斯克国立大学矿物学及地球化学实验室作了半定量光谱分析（分析者 E. Д. 阿加波娃和 E. M. 齐姆巴洛夫）。我们需要说明的是，上述所得的结果在整体上并不冲突。在一些情况下，它们可以对整体情况进行补充和修正。同时，上述结果的定性数据通常是一致的，而定量数据稍微有些差别，这是由于一系列客观因素（合金成分不一致、分析在不同的地点进行、样品较小、只取了一个样品等等）的不同而导致的。

　　今天的考古学积极采用了跨学科的研究方法，广泛使用自然科学方法，以便获取

---

　　①　本书作者感谢谢尔盖·弗拉米拉维奇·哈夫林与我们多年的合作并允许我们使用埃米塔什国立博物馆为本书发表铜镜所做的 X 射线荧光分析的数据。

各种数据，扩大研究者的信息量。对于研究古代和中世纪文化的形成、发展及其变化复杂过程的人来说，分析有色金属（铜、金、铅、银、青铜等）器物的化学成分以及它们的制造方法是非常重要的。这些器物蕴含着有关矿石开采地点、冶炼与铸造工匠的技能、加工方法、器物使用历史及其修理以及其他方面的重要信息。

　　上述方法能够有效地获取有关偶然发现或者考古发掘得到的金属镜的化学成分，本章的任务之一就是展示这种方法检测的成果。有关X射线荧光分析法的优点和缺点，A. A. 提什金和C. B. 哈夫林在他们的文章（2006）中已经阐述过了。在此基础上，我们再谈谈一些重要内容并做出一些补充。

　　金属器的分析方法有很多，其中最为著名并且经常使用的有光学（发射）光谱分析法（Черных，1970；Рындина，Дегтярева，2002，c. 45 – 49；Черных，Луньков，2009；и др.）。近年来，X射线荧光分析法成为一种有前景并正在发展的方法。许多研究者都喜欢使用X射线荧光分析法来获得有关合金成分的数据。俄罗斯科学院考古学研究所、埃米塔什国立博物馆、俄罗斯科学院乌拉尔分院矿物学研究所、莫斯科国立大学及国内的其他一些学术机构都在使用X射线荧光光谱仪。

　　这种分析方法的工作原理是激发并测量所研究样品的化学元素原子的特征X射线。高能量X射线源（X射线管）首先激发器物或其样品，将原子内部轨道上的电子逐出。内部轨道上因此形成的空位不具有稳定性，所以外部轨道上的电子随即跃迁进入该空位。电子跃迁产生能量，释放出次级（特征）X射线荧光。根据莫斯莱定律，特征X射线的能量（波长）和化学元素的原子序数一致。因此，根据X射线荧光，我们可以确定研究样品的成分的性质和数量。结果的准确性在很多方面取决于现有的标准（Тишкин，Хаврин，2006）。

　　X射线荧光分析法具有一系列的特性。其优点在于它属于不破坏样品的方法，仪器不会产生改变器物或者样品的作用。此外，我们没有必要钻孔取样或者折断一小块。这个优点很有用，尤其是当我们研究的是那种人们不愿意从上面取出哪怕是很小一点样品的器物。对考古学家来说这一点也很重要，因为在结束田野发掘后，他们需要将所有发现和处理过的遗物转交给国家的博物馆保管。进入馆藏的每一件器物都是潜在的展品，因此人们有时不让触摸这些器物，更不要说从上面取样了。因为这种方法能够让器物保持"原来"的样子，所以它很有吸引力。

　　有的时候我们不能拿着完整器物进行操作（例如，运输困难，器物进不了实验室，需要研究仪器难以到达的部位等等），这时我们可以通过提取个体很小的样品来检测，这些样品可以保存在专门的样品库里。另外，在分析大型的器物时使用便携式仪器也很有效。

　　X射线荧光光谱仪一个没有争议的优点在于其测量的速度（做一次分析30 ~ 120

秒就够了，记录得到的数据还需要一些时间）。一天之内可以分析几十件器物，这样的速度可以让我们在不同的地方对考古发掘的器物进行多次分析，为我们提供器物的每种成分的客观信息以及它们的详细特征。我们需要注意的是，当古代和中世纪的工匠们使用特殊方法（镀锡、镀银等）来加工器物外形时，我们需要注意采集一系列数据。甚至当由于一些原因无法用肉眼观察到青铜器上的镀金层时，用 X 射线荧光分析就可以显示出来。同样有意思的是，有时我们在分析某一类金属器，或者某座墓葬的金属器，或者某处遗址的金属器时会得到一些意外的结果（Тишкин，Хаврин，2006）。在分析器物时，X 射线荧光光谱仪还能够复原不同器物的色阶，对研究成套装饰品特别有用。

还有一个优点是，在完成 X 射线荧光分析后，其结果能够以两种形式（表格和曲线图）立即展示在电脑屏幕上。这种现代仪器还能够同时检测很大范围的元素。

这里需要提到另外一个原因，可以解释为什么 X 射线荧光分析法受人欢迎，为什么便携式 X 射线荧光光谱仪得以广泛使用，特别是在考古学家中间。在发掘阶段，人们就可以使用仪器对出土遗物进行分类，同时对出土遗物进行化学分析。例如，一开始人们检测居址所有出土的大量的青铜生产遗物以便辨别它们的性质（炼渣、矿石、铜粒、范块、铜等等），然后按照相应的工作程序（分析类或采矿类）详细研究出土的每一件器物。这样，在田野发掘结束前他们就处理完所有遗物或大部分遗物。这种方法的分析结果还可以用来判断考古出土器物的年代、辨别赝品、发现技术特征以及许多其他信息。

当然，我们知道，任何一种科学方法，不仅有其优点，而且有一些缺陷和毛病。不过就 X 射线荧光光谱仪而言，我们可以对其缺陷进行校正和弥补。它的主要问题在于，X 射线荧光分析不能马上检测整个器物的成分，而只是射线指向部分的成分。因此，我们需要明白，每一件器物的表层形成的方式各不相同。器物因为与外界环境或其他金属接触、化学反应等等可能产生特殊的覆盖物。因此，为了获得器物中化学元素的真实含量，我们需要在不同的地方进行多次检测，最好是器物一些表面没有铜锈、氧化物或者腐蚀的部位。在多数情况下，铜镜上的划痕、茬口、缝隙或者由于取样留下的钻孔就可以解决这个问题。在其他情况下则需要用机械彻底去除氧化物。在对阿尔泰国立大学阿尔泰考古学与民族学博物馆中的铜镜进行 X 射线荧光分析时，我们需要注意每件器物不同部位表面的检测结果以及机械去除氧化物以后的检测结果之间的不同和相似。博物馆的工作人员没有采用第二个研究方案，他们担心这会对器物造成损害。但我们必须清楚地知道，在进行必要的修复工作时，第一步工作就是去除会给出土遗物带来损害的氧化物和腐蚀物。这样就会与博物馆的展品接触，这样我们就必然接触到化学清洗过的展品。这种方案也存在一定的缺陷，这是因为化学反应会破坏或者改变表层的成分，导致 X 射线荧光结果的扭曲并影响它们的可靠性。所有研究的任务是在不损害文物的情况下获取客观的数据，因此，最好是在采取任何行为（清除、防腐、修复等）之前进行检测。事实上，尽管检测工作看上去很简单，但是用在每一件器物时还是存在大量的细微差别的。重要的是要采集若干数据以便比较和对比。同时还应当说明，采用什么方法进行这样或那样的检测以及为什么要做。

通过对 X 射线荧光分析法的简要介绍，我们明白，X 射线荧光分析法对研究有色金属制造的不同器物具有特别的意义，特别是涉及金属镜的时候。古代和中世纪的这种器物大部分产于中国（Стратанович，1961）。作为外来品，这类器物传入西伯利亚地区并在此流传了很长时间。我们也见到了这类器物的仿制品。在阿尔泰及鄂毕河上游地区我们发现了所谓的东方或者印度铜镜（Кузнецова，1995；Уманский，1999；Васильков，2002；Тишкин，Хаврин，2006，с. 77；и др.）。我们发现了来自其他地区的器物。同时，我们也发现了大量的古代和中世纪本地工匠制作的产品。所有这些器物都包含着大量的科学信息。

以下我们将罗列阿尔泰国立大学阿尔泰考古学与民族学博物馆铜镜的化学成分的现有结果。在这之前，我们需要说明的是，检测工作是在不同时间进行的。经过分析的器物我们将按照上一章的顺序排列。

1. 马雷—贡宾斯基—科尔东 - I 墓地 1 墓 28 出土的铜镜（图版一）

C. B. 哈夫林在埃米塔什国立博物馆对铜镜的金属合金的化学成分作了第一次分析，结果如下：Cu—主要成分；Sn—7% ~ 10%；As— < 0.5%；Pb—微量。阿尔泰国立大学考古学、民族学和博物馆学教研室利用 ALPA SERIES™ Alpha - 2000 仪器对器物作了更为详细的分析。我们首先对铜镜覆盖有氧化物的正（光滑）面作了检测，由此得到这些数据：Cu—89.89%；Sn—9.79%；Fe—0.22%；Pb—0.1%。然后我们对铜镜背面的桥形钮进行了研究：Cu—69.21%；Sn—28.65%；Pb—1.42%；As—0.42%；Fe—0.3%。这些数据进一步表明，桥形钮是单独制造的，然后焊接在铜镜上。我们还做了一次检验分析，为此我们在铜镜正面边缘选取了一小块，用机械办法去除表面的氧化物直到金属出现，其检测结果为：Cu—88.82%；Sn—10.68%；Fe—0.35%；Pb—0.15%。这些检验数据再一次显示了镜面为铜—锡合金。

2. 马雷—贡宾斯基—科尔东 - I 墓地 1 墓 34 出土的铜镜（图版二）

C. B. 哈夫林在埃米塔什国立博物馆对提取的样品作了初步分析，结果如下：Cu—主要成分；As—6% ~ 8%；Pb—1% ~ 2%。阿尔泰国立大学利用 X 射线荧光光谱仪对金属镜做了进一步的分析。我们首先分析了被氧化的铜镜正面，然后分析了"四脚按钮"的"按钮"。二者的分析结果很接近：

1）正面：Cu—94.61%；As—4.72%；Pb—0.31%；Fe—0.14%；Bi—0.12%；Ni—0.1%；

2）"按钮"：Cu—93.27%；As—6.09%；Pb—0.24%；Bi—0.19%；Fe—0.11%；Ni—0.1%。

这些数据进一步说明了镜面和造型特别的钮是一起铸造而成的。

最后我们对正面边缘及凸棱两个部位作了检验分析。这些部位都是原先提取过很小的样品并送到埃米塔什国立博物馆作成分分析的。去除氧化物之后再作检测，所得数据与上述结果接近，说明测得的金属成分非常接近真实成分：

3）正面边缘：Cu—93.29%；As—5.87%；Pb—0.45%；Bi—0.16%；Fe—0.12%；Ni—0.11%；

4）凸棱：Cu—95.9%；As—3.65%；Pb—0.29%；Fe—0.16%。

上面列举的材料说明，铜镜是由含有其他自然（矿石）杂质的砷铜制造的。

3. 马雷—贡宾斯基—科尔东-Ⅰ墓地1墓24出土的铜镜（图版三）

首先我们列出 C. B. 哈夫林在埃米塔什国立博物馆的分析结果：Cu—主要成分；Sn—<1%；Pb—<0.4%；As—<0.3%；Sb、Ag、Ni—微量。阿尔泰国立大学利用 X 射线荧光光谱仪对铜镜进行了多次检测。我们先分析了铜镜的正面，然后是桥形钮。二者的定量数据不同，也与上述的成分数据不同：

1）正面：Cu—98.18%；Fe—0.8%；As—0.54%；Sn—0.36%；Pb—0.12%；

2）桥形钮：Cu—92.84%；Fe—3.01%；As—2.55%；Sn—0.76%；Pb—0.73%；Ni—0.11%。

这种情况要求我们作进一步的检验分析。我们对正面边缘的凸棱及桥形钮作了处理，即机械去除氧化物，分析结果为：

3）去除氧化物的正面凸棱：Cu—99.04%；Sn—0.35%；As—0.29%；Fe—0.16%；Pb—0.12%；Co—0.04%；

4）去除氧化物的桥形钮：Cu—97.02%；Fe—1.14%；As—0.95%；Sn—0.62%；Pb—0.27%。

所得数据修正了上面列举的结果。它们证明了铜料中纯粹象征性地加入了锡，并因此带入了其他自然（矿石）杂质，其本身不会影响铜镜的质量。

4. 马雷—贡宾斯基—科尔东-Ⅰ墓地1出土的铜镜（采集品）（图版四）

在列出 X 射线荧光分析结果之前，我们需要说明一下，桥形钮的内侧有一个钻孔取样的痕迹。根据种种迹象来看，C. B. 库兹明内赫在此取了样品准备在俄罗斯科学院考古学研究所试验室进行分析，但是由于某种客观原因，当时他没有分析结果（Черных，Луньков，2009，c. 78），所以随后我们把器物拿到埃米塔什国立博物馆进行分析。C. B. 哈夫林的分析结果如下：Cu—主要成分；Sn—8% ~ 11%；Pb—1% ~ 2%；As— <0.3%；Ni— <0.5%。借助于X射线荧光光谱仪，阿尔泰国立大学对铜镜的成分做了进一步的分析。上述几次的分析得到了如下的结果：

1）生有铜锈的正面：Cu—77.97%；Sn—17.18%；Pb—3.39%；As—0.95%；Fe—0.4%；Ni—0.11%；

2）器物的背面：Cu—主要成分；Sn—11.16%；Pb—1.33%；As – <1%；Fe、Ni—微量；

3）桥形钮：Cu—72.63%；Sn—17.31%；Pb—9.57%；Fe—0.35%；As、Ni – 微量；

4）无铜锈正面边缘部分：Cu—80.24%；Sn—15.98%；Pb—2.63%；As—0.82%；Fe—0.26%；Ni—0.07%；

5）去除氧化物之后的桥形钮：Cu—79.28%；Sn—13.52%；Pb—6.31%；As—0.48%；Fe—0.3%；Ni—0.11%。

所得数据显示铜镜受到氧化的表面合金成分的含量较高。但整体上它们证明铜镜为铜—锡—铅合金。这一结论与所谓的"贵金属"锈说明这件器物的本质为采集品。

5. 马雷—贡宾斯基—科尔东 – Ⅰ墓地1出土的铜镜（采集品）（图版五）

C. B. 哈夫林在埃米塔什国立博物馆对铜镜的金属成分作了第一次分析：Cu—主要成分；Sn—5% ~ 7%；Pb— <0.7%；As— <0.2%；Ni— <0.4%；Ag—微量。阿尔泰国立大学利用X射线荧光光谱仪又作了几次分析。首先分析的是器物的正面，然后是背面。二者的结果实际上是一致的：

Cu—90.73%；Sn—8.32%；Pb—0.43%；As—0.38%；Fe—0.14%；

Cu—90.43%；Sn—8.58%；Pb—0.59%；As—0.4%。

我们在铜镜背面发现了两处白点，表明桥形钮是焊接到镜面上的。它们之间的距离是1.4厘米。为了鉴定作为焊料使用的金属，我们对两处白点做了几次分析。两处实质上都是锡和铅含量较高的结果。为了说明这种情况，我们提供在器物表面检测所得的四个结果：

1）Sn—15.03%和Pb—1.89%；

2）Sn—13.14%和Pb—1.71%；

3）Sn—12.36%和Pb—1.64%；

4) Sn—15.51% 和 Pb—6.83%。

可惜的是，我们没有采集"纯正的"焊料样品来做单独的分析。我们所发现的白点层非常薄，而且表面覆盖了胶粘剂。不过，上述的数据或多或少能够证实锡是作为焊接桥形钮的材料使用的。对马雷—贡宾斯基—科尔东－Ⅰ墓地1墓28出土的铜镜（图版一）的补充分析可以提供佐证。在这面铜镜可以清晰地看到，铜镜的两个主要部分（镜面和桥形钮）是单独制造然后结合在一起的。根据这种情况判断，它也是通过相似的方法用锡料焊接的。

最后我们列出几个部位在机械去除氧化物之后的检验分析结果：

Cu—88.63%；Sn—9.62%；Pb—0.77%；Ag—0.6%；As—0.38%；

Cu—89.37%；Sn—9.13%；Pb—0.65%；Ag—0.55%；As—0.3%。

这些数据证实了这件铜镜为铜—锡合金，带有明显的矿石杂质。这些金属杂质伴随两种主要成分进入金属并叠加在一起。

6. 上耶兰达－Ⅱ墓地冢墓13出土的铜镜（图版六）

2008年，这面铜镜和其他同类器物一起由 C. B. 哈夫林在埃米塔什国立博物馆作了初步的 X 射线荧光分析。结果如下：Cu—主要成分；As—3%～5%；Ni—<1%；Sb—<0.8%；Pb、Ag—微量。阿尔泰国立大学利用 X 射线荧光光谱仪继续对它作了全面的分析，结果如下：

1）正面中心：Cu—95.74%；As—2.36%；Sb—1.04%；Ni—0.43%；Bi—0.21%；Pb—0.12%；Fe—0.06%；Co—0.04%；

2）"按钮"：Cu—93.76%；As—3.75%；Sb—0.92%；Bi—0.57%；Pb—0.39%；Ni—0.32%；Ti—0.13%；Co—0.08%；Fe—0.08%；

3）背面边缘：Cu—95.62%；As—2.57%；Sb—0.93%；Ni—0.39%；Bi—0.23%；Ti—0.14%；Pb—0.12%；

4）去除氧化物的部位：Cu—96.05%；As—2.34%；Sb—0.95%；Ni—0.52%；Pb—0.09%；Co—0.05%。

上述数据进一步证实了镜面是和"四脚按钮"一起浇铸的。金属可能为铜与自然（矿石）杂质的结合，其中突出的成分是砷和锑。

7. 特特克斯肯－Ⅵ墓地冢墓2出土的铜镜（图版七）

C. B. 哈夫林在埃米塔什国立博物馆所作分析的结果如下：Cu—主要成分；Sn—4%～6%；Pb—1%～2%；As—<0.6%；Ni—<0.4%。

阿尔泰国立大学利用 X 射线荧光光谱仪所作的补充分析证实了上述的成分数据。

我们在不同部位作了检测，获得了准确的成分含量数据。首先检测的是镜面的中心，结果为：Cu—90.89%；Sn—5.78%；Pb—2.55%；As—0.55%；Ni—0.15%；Fe—0.08%。然后分析的是双峰驼形状的手柄：Cu—88.41%；Sn—7.33%；Pb—3.1%；As—0.82%；Ni—0.19%；Fe—0.15%。我们对镜面边缘作了机械去除氧化物之后，又作了检验分析：Cu—90.49%；Sn—7.08%；Pb—1.54%；As—0.76%；Ni—0.13%。

所得结果能够确定铜镜为铜—锡—铅合金。高含量的铅或许为铜或者锡矿石的伴生元素。器物表面铜锈中高含量的铅是氧化过程造成的严重破坏形成的。

8. 别洛库里哈市附近残墓出土的铜镜（图版八）

铜镜上有灰色的铜锈，也就是氧化和腐蚀的迹象。只有阿尔泰国立大学对它作了X射线荧光分析。我们分析了若干部位。首先是铜镜的正面，然后是桥形钮和铜镜的背面。上述分析的结果分别为：

1）正面：Cu—86.48%；Sn—12.38%；Pb—0.71%；As—0.34%；Fe—0.09%；

2）桥形钮：Cu—69.21%；Sn—28.11%；As—1.35%；Pb—0.94%；Ti（?）—0.39%；

3）背面：Cu—80.79%；Sn—17.9%；As—0.96%；Pb—0.35%。

这些信息进一步证实了桥形钮是和镜面一起浇铸的。

然后我们在铜镜正面边缘和桥形钮中心机械去除氧化物之后又作了检验分析：

4）正面边缘：Cu—83.5%；Sn—15.47%；Pb—0.52%；As—0.51%；

5）桥形钮中心：Cu—77.61%；Sn—20.89%；As—0.85%；Pb—0.65%。

所得的数据可以确定铜镜为铜—锡合金。

9. 菲尔索沃 – XIV墓地墓58出土的铜镜（图版九）

铜镜的正面覆盖有胶粘剂，以此固定在展柜里。为了获取必要的数据，我们不得不用机械办法把中心及边缘两个部位的胶粘剂去除。只有阿尔泰国立大学利用X射线荧光光谱仪对铜镜作了分析，所得结果如下：

1）正面中心：Cu—95.56%；Sn—3.57%；As—0.36%；Fe—0.29%；Pb—0.14%；Ni—0.08%；

2）"按钮"表面：Cu—88.96%；Sn—8.11%；As—1.11%；Pb—0.65%；Fe—1%；Ni—0.17%；

3）背面边缘：Cu—96.48%；Sn—3.13%；Fe—0.27%；Pb—0.12%。

在机械去除铜镜正面边缘的氧化物之后，我们又作了检验分析：

4）Cu—94.98%；Sn—3.9%；As—0.45%；Fe—0.31%；Pb—0.18%；Ni—0.14%；Co—0.04%。

这些数据证实了铜镜为铜—锡合金，带有自然（矿石）杂质。

10. 阿尔泰共和国出土的铜镜（采集品）（图版一〇）

铜镜的表面严重变形，有裂纹（包括裂透的部分）、茬口、分层和锈蚀。这种状况对 X 射线荧光分析结果的可靠性产生了影响。只有阿尔泰国立大学分析了这件器物。首先分析的是一面的中心，然后是另一面产生氧化分层的地方，结果分别为：

1）Cu—90.69%；Sn—8.92%；Pb—0.26%；Fe—0.13%；

2）Cu—86.05%；Sn—13.48%；Pb—0.47%。

我们在手柄茬口处的两个部位用机械去除了氧化物，露出金属之后，作了检验分析，得到了如下结果：

3）Cu—87.45%；Sn—12.07%；Pb—0.41%；Fe—0.07%；

4）Cu—85.77%；Sn—13.76%；Pb—0.47%。

上述数据显示铜镜为铜—锡合金。

11. 卡斯塔赫特墓地冢墓 28 出土的铜镜（图版一一）

铜镜只在阿尔泰国立大学用 X 射线荧光光谱仪 Alpha – 2000 作了分析。它原先陈列在博物馆的展柜里，所以铜镜的一面上有胶粘剂的斑点。器物在展览之前人们先去除了氧化物，用的很可能是柠檬酸。在镜面和手柄之间发现了连接的"接缝"以及其他一些铸造缺陷。这些情况为我们指明了进行化学元素含量分析的部位。我们首先分析了镜面中央的"干净"部分，得到下列数据：Cu—89.28%；As—4.65%；Sb—4.53%；Bi—0.66%；Pb—0.57%；Ni—0.31%。然后是同一面的手柄表面：Cu—85.51%；Sb—5.69%；As—5.66%；Pb—1.67%；Bi—0.91%；Ni—0.22%；Ti—0.22%；Fe—0.12%。我们还分析了铜镜两个部分的接合处的经过磨损的接缝：Cu—87.81%；As—5.1%；Sb—4.69%；Pb—1.11%；Bi—0.8%；Ni—0.28%；Fe—0.21%。这些结果可以确定，铜镜的两个部分是在同一个作坊中制作并连接起来的。

后面的结果来自去除了氧化物薄层和铜锈的两个部位。为此目的，我们分析了铜镜的另一面（非展示面）。镜面的边缘显示了下面一些元素：Cu—88.51%；As—5.1%；Sb—4.51%；Pb—0.9%；Bi—0.75%；Ni—0.23%。关于比镜面薄并有缺陷的手柄，我们选择了上半部分，得到了下列数据：Cu—86.9%；Sb—5.68%；As—5.16%；Pb—1.19%；Bi—0.87%；Ni—0.2%。

所有得到的数据都显示一种独特的铜合金，其中锑、砷、铅和铋相当突出。这种情况可能指向了某个铜矿，不过我们不能排除有意添加其中一些合金成分的可能。

12. 佩尔沃迈墓地出土的铜镜（采集品）（图版一二）

C. B. 哈夫林在埃米塔什国立博物馆对提取样品作了初步分析。结果如下：Cu—主要成分；Sn—1% ~ 3%；Pb—< 1%；As—< 0.5%；Sb、Ni—微量。此后，阿尔泰国立大学对其作了详细的分析。覆盖有氧化物的铜镜中央的分析结果为：Cu—98.71%；Pb—0.62%；As—0.44%；Ni—0.13%；Fe—0.1%。然后我们在镜面的边缘用机械方法去除了上部的氧化层，露出下面的深色铜锈。仪器检测出以下化学元素：Cu—96.53%；Pb—1.58%；As—1.31%；Sn—0.41%；Ni—0.1%；Fe—0.07%。最后我们分析和镜面一起铸造的手柄。我们在哈夫林取样的地方测得一组数据，这个地方可以清晰地看到金属，其检测数据如下：Cu—97.54%；Pb—1.15%；As—0.81%；Sn—0.35%；Ni—0.1%；Fe—0.05%。

上列所有信息都说明铜镜为红铜，里面可能象征性地增加了锡。类似的器物制造方法也广泛见于南西伯利亚和鄂毕河上游发现的斯基泰—塞克时期器物。

13. 老阿列伊 – Ⅱ墓地墓35 出土的铜镜（图版一三）

整个铜镜覆盖着厚厚的氧化物。我们必须说明的是，它的后面有用硼砂取样的痕迹。从种种迹象来看，C. B. 库兹明内赫提取了样品准备在俄罗斯科学院考古学研究所分析，但是我们不知道分析的结果。只有阿尔泰国立大学用X射线荧光光谱仪分析了器物。首先，我们检测了铜镜正面的中央部分，表面覆盖有氧化物，获得了下列结果：Cu—94.23%；Sn—5.29%；Pb—0.41%；Fe—0.07%。然后是提取样品的地方：Cu—88.86%；Sn—10.14%；Pb—0.9%；Fe—0.1%。我们又作了补充分析。我们选择正面的边缘部位，用机械去除了氧化物上层，结果为：Cu—81.72%；Sn—15.62%；Pb—1.82%；As—0.45%；Fe—0.29%；Ni—0.1%。

所有数据都显示铜镜为铜—锡合金，含有一组天然（矿石）的杂质。

14. 特特克斯肯 – Ⅵ墓地冢墓80 出土的铜镜（图版一四）

铜镜在阿尔泰国立大学用X射线荧光光谱仪作了两次检测。首先检测的是镜面表面的中央部分，然后是边缘部分，后者预先用机械方法去除了氧化物。两次分析分别得到了下列有色金属的化学成分含量：

1）Cu—95.02%；As—3.43%；Sb—1.32%；Ni—0.16%；Pb—0.07%；

2）Cu—94.48%；As—3.24%；Sb—1.83%；Bi—0.29%；Ni—0.16%。

所得结果相似，并且说明铜合金中主要含有砷和锑，后二者（和其他测出的元素一起）很可能属于天然（矿石）杂质。

15. 特特克斯肯 – Ⅵ 墓地冢墓 94 出土的铜镜（图版一五）

铜镜在阿尔泰国立大学同样用 X 射线荧光光谱仪作了两次检测。首先分析的是镜面表面的中央部分，然后是边缘部分，后者预先用机械方法去除了氧化物。两次分析得到了下列有色金属的化学成分含量：

1）Cu—97.81%；As—0.75%；Pb—0.62%；Sn—0.43%；Ni—0.22%；Fe—0.17%；

2）Cu—97.94%；As—0.94%；Pb—0.6%；Sn—0.4%；Ni—0.12%。

所得数据反映了上面已经提到的铜合金特征，也就是里面象征性地添加了锡。

16. 巴赫奇 – Ⅺ 墓地出土的铜镜残片（采集品）（图版一六）

C. B. 哈夫林在埃米塔什国立博物馆作了初步检测，结果如下：Cu—主要成分；Sn—24% ~ 28%；Pb— < 0.4%；As—微量。在阿尔泰国立大学用 X 射线荧光光谱仪分析了两块已经黏合的残片，表面发现有金色的"贵金属"锈。我们作了若干次分析。首先分析的是它的表面，测得如下指数：Cu—62.44%；Sn—32.49%；Fe—4.85%；Pb—0.22%。然后分析了铜镜的正面部分：Cu—64.31%；Sn—29.01%；Fe—6.46%；Pb—0.22%。最后我们去除了一个茬口（凸棱）的氧化物，并在两个部位作了检测：

Cu—69.57%；Sn—27.71%；Fe—2.51%；Pb—0.21%；

Cu—69.23%；Sn—27.86%；Fe—2.7%；Pb—0.21%。

现有的所有检测都显示铜镜为铜—锡合金，其中高含量的铁有些异常。

17. 菲尔索沃 – ⅩⅣ 墓地出土的铜镜残片（图版一七）

从残片的外观来看，它应是公元前 4 世纪末至公元前 3 世纪中国制造的一面铜镜的一部分（Тишкин, Хаврин, 2006, c. 77 – 78, рис. 2）。C. B. 哈夫林在埃米塔什国立博物馆首先对一块非常小的样品作了检测：Cu— > 50%；Sn— > 20%；Pb—6% ~ 8%；Sb— < 0.25%；Bi— < 0.25%；Ni—微量。后来我们在阿尔泰国立大学作了全面的分析。我们先用 X 射线荧光光谱仪分析了正面，然后分析了图案部分的表面。我们测得了下列化学元素的含量：

1）正面：Cu—63.02%；Sn—27.83%；Pb—7.88%；Fe—1.16%；Ni—0.11%；

2）图案部分表面：Cu—56.28%；Sn—32.39%；Pb—10.48%；Fe—0.67%；Ni—0.18%。

我们又选了茬口，先去除上面的氧化物，然后在不同的部位作了三次检测，获得了下列三组相似的数据：

3）Cu—59.64%；Sn—30.68%；Pb—8.99%；Fe—0.5%；Ni—0.18%；

4）Cu—61.59%；Sn—29.97%；Pb—8.08%；Fe—0.23%；Ni—0.13%；

5）Cu—62.23%；Sn—29.23%；Pb—7.99%；Fe—0.36%；Ni—0.19%。

我们又去除了正面部分的青铜锈，然后作了补充分析，得到了如下结果：

6）Cu—50.14%；Sn—38.41%；Pb—10.88%；Fe—0.32%；Ni—0.25%。

现有的数据表明，铜镜是由中国典型的铜—锡—铅合金制造的。这种铜镜具有硬度大、外观好的特点。

18. 亚洛曼 - II 墓地冢墓 51 出土的铜镜残片（图版一八）

这块铜镜残片发现于一座匈奴时期的墓葬，个体不大，已严重腐蚀，上面的图案用肉眼无法辨认。托木斯克国立大学矿物学和地球化学实验室对一块样品作了光谱分析，得到如下结果：Cu— > 5；Sn— > 2；P—0.1；Mg—0.07；Ca—0.04；Pb—0.03；Fe—0.03；As—0.01；Co—0.003；Bi—0.003；Zn—0.003；Ti—0.002；Si—0.001；Al—0.001；Mn—0.001；Cr—0.001；Ag—0.0005；Ni—0.0006；In—0.0006；Ga—0.0003（重量百分比，即一种东西的百分之一：1% 重量 = 10 千克/吨）。在埃米塔什国立博物馆科技部测得了下列数据：Cu—主要成分；Sn— < 30%；Pb— < 0.5%；As、Ag、Bi—微量（Тишкин，Хаврин，2006，c. 82）。

在阿尔泰国立大学用 X 射线荧光光谱仪作了进一步的分析。首先分析了残片的一面，然后是另一面和一个去除腐蚀的部位，所得的化学元素含量依次为：

1）Cu—75.42%；Sn—23.99%；Fe—0.43%；Pb—0.16%；

2）Cu—71.5%；Sn—27.88%；Pb—0.34%；Fe—0.28%；

3）Cu—76.43%；Sn—23.13%；Fe—0.27%；Pb—0.17%。

出于检验的目的，我们又对托木斯克国立大学和埃米塔什国立博物馆取样的部位作了分析：Cu—76.97%；Sn—22.6%；Pb—0.24%；Fe—0.19%。

所有数据都表明了铜镜为铜—锡合金，里面带有来自矿石的成分。

19. 亚洛曼 - II 墓地冢墓 52 出土的铜镜残片（图版一九）

这块铜镜残片发现于一座匈奴时期的墓葬，个体不小。器物的颜色为浅灰色，局部可以看清图案和花纹的其他部分。托木斯克国立大学矿物学和地球化学实验室首先作了光谱分析，得出下列结果：Cu— > 5；Sn— > 2；Pb— > > 1；As—0.7；Bi—0.06；Zn—0.03；Fe—0.01；Sb—0.007；Ag—0.005；Ca—0.005；Ni—0.002；Co—0.002；In—0.0015；Mn—0.001；Mg—0.001；Ti—0.001；Cr—0.001；Al—0.0005；Ge—0.0007（重量百分比）。在埃米塔什国立博物馆科技部测得了下列数据：Cu—主要成分；Sn—20% ~ 25%（30% ~ 35%）；Pb—10% ~ 15%（15% ~ 20%）；As— < 0.5%；

Ni—<0.5%；Ag—<0.6%；Sb—微量（Тишкин，Хаврин，2006，с. 82）。在括号中我们给出了覆盖有"贵金属"锈的器物表面的元素含量。

在阿尔泰国立大学，我们用 X 射线荧光光谱仪作了若干分析。首先分析了残片的正面，然后是图案，最后是铜镜茬口和去除氧化物后的若干部位（其中一个部位是 С. В. 哈夫林测得上述数据的地方）。上述的分析结果依次为：

1）正面：Cu—44.22%；Sn—39.25%；Pb—16.15%；Ni—0.2%；Fe—0.18%；

2）图案部分：Cu—47.57%；Sn—39.62%；Pb—12.46%；Ni—0.2%；Fe—0.17%；

3）茬口：Cu—61.38%；Sn—23.93%；Pb—14.69%；

4）去除氧化物的部位：Cu—58.07%；Sn—28.4%；Pb—13.53%。

上述所有数据都证实了铜镜为铜—锡—铅合金，即中国古代工匠经常用来制作铜镜的合金种类。类似的文物见于 Е. И. 卢博 – 列斯尼琴科的专著（1975，с. 38，рис. 3），年代为公元前 3 世纪。

20. 亚洛曼 – Ⅱ墓地冢墓 56 出土的铜镜残片（图版二〇）

这块铜镜残片发现于一座匈奴时期的墓葬，已经严重氧化。托木斯克国立大学实验室首先作了光谱分析，得到下列结果：Cu— >5；Sn— >2；Pb— > >1；Fe—0.03；Zn—0.02；As—0.01；Bi—0.01；Ca—0.005；Ga—0.003；Co—0.003；In—0.001；Ni—0.001；Mn—0.001；Mg—0.0003；Ge—0.0006；Ti—0.0007；Ag—0.0007（重量百分比）。埃米塔什国立博物馆的科技部测得了下列数据：Cu—主要成分；Sn—20% ~ 22%（25% ~30%）；Pb—8% ~10%；Co—微量；Ni—?（Тишкин，Хаврин，2006，с. 82）。

阿尔泰国立大学首先用 X 射线荧光光谱仪分析了铜镜的正面，局部可以看见白色的光泽：Cu—53.47%；Sn—29.72%；Pb—16.63%；Fe—0.1%；Ni—0.08%。然后检测了它的背面：Cu—45.36%；Pb—29.91%；Sn—24.68%；Ni—0.05%。两次分析所得的系列数据反映了表面存在氧化物的情况。除此之外，我们专门分析了白色的铜锈和桥形钮，得到下列化学元素含量：

1）白色铜锈：Cu—51.28%；Sn—28.58%；Pb—20.02%；Ni—0.12%；

2）桥形钮：Cu—44.24%；Pb—32.45%；Sn—23.31%。

为了获取补充信息，我们在铜镜边缘的两个部位（一个位于茬口，一个位于正面）去除了氧化物。仪器对这些部位进行检测之后显示了下列结果：

3）Cu—53.1%；Sn—29.44%；Pb—17.46%；

4）Cu—58.57%；Sn—27.14%；Pb—14.23%；Ni—0.06%。

所得数据可以让我们充满信心地得出结论：这是铜—锡—铅合金，中国古代铜镜的典型合金种类。

21. 亚洛曼 - Ⅱ墓地冢墓57出土的铜镜（图版二一）

在外观上，这件铜镜完全符合外来产品的特征。C. B. 哈夫林在埃米塔什国立博物馆测得如下数据：Cu—主要成分；As—12% ~ 15%；Pb—1% ~ 2%（5% ~ 6%）；Sb—1% ~ 2%；Ni—1% ~ 2%；Ag—0.2%（Тишкин，Харвин，2004，табл.1；2006，c.83）。它们为我们展示了合金类型与中国古代铜镜生产的传统工艺的对应问题。

在阿尔泰国立大学，我们用 X 射线荧光光谱仪作了重复的以及全方位的分析。首先分析了正面，然后是图案部分。它们说明铜镜为砷铜，并含有其他一些来自矿石的杂质：

1）正面：Cu—89.28%；As—8.57%；Sb—0.72%；Ni—0.76%；Pb—0.52%；Cr—0.15%；

2）图案部分：Cu—88.7%；As—8.57%；Pb—1.41%；Sb—0.79%；Ni—0.54%。

之后，我们单独分析了桥形钮的表面，预先用机械方法去除了上面的铜锈：

3）Cu—89.3%；As—8.91%；Sb—0.81%；Ni—0.56%；Pb—0.43%。

最后，我们分析了铜镜正面边缘的两个没有氧化物的部位：

4）Cu—88.93%；As—8.43%；Pb—1.36%；Sb—0.73%；Ni—0.51%；Cr—0.04%；

5）Cu—89.14%；As—8.49%；Pb—1.04%；Sb—0.74%；Ni—0.59%。

上述所有数据都说明这是一件中国铜镜的仿制品。金属中完全没有锡，镜的颜色之所以能够接近原器，是通过增加砷的含量，并同时增加伴生的铅、锑、镍元素实现的。

22. 亚洛曼 - Ⅱ墓地冢墓61出土的铜镜残片（图版二二）

这块小残片类似于巴泽雷克墓地冢墓6和菲尔索沃 - ⅩⅣ墓地出土的铜镜。在埃米塔什国立博物馆科技部测定出下列数据：Cu—主要成分；Sn—20%（35%）；Pb—8% ~ 10%（25% ~ 30%）；As、Ag、Ni—微量（Тишкин，Харвин，2004，табл.1；2006，c.82 - 83）。

在阿尔泰国立大学，我们用 X 射线荧光光谱仪在残片的不同部位作了若干次分析。首先分析的是正面的化学元素含量，然后是覆盖有"贵金属"锈和局部锈蚀的图案部分的化学元素：

1）正面：Cu—60.4%；Sn—26.38%；Pb—12.14%；As—0.58%；Fe—0.36%；Ni—0.14%；

2）图案部分：Cu—41.32%；Sn—41.25%；Pb—15.43%；As—0.89%；Fe—

0.94%；Ni—0.17%。

此后，我们在茬口的若干部位（包括 C. B. 哈夫林取样的部位）去除了氧化物，然后作了分析，得到了下列数据：

3）Cu—64.15%；Sn—23.04%；Pb—11.93%；Fe—0.74%；Ni—0.14%；

4）Cu—58.56%；Sn—28.67%；Pb—11.87%；Fe—0.71%；Ni—0.19%；

5）Cu—59.91%；Sn—26.42%；Pb—12.88%；Fe—0.6%；Ni—0.19%。

所得数据说明铜镜为铜—锡—铅合金，属于公元前 1 世纪下半叶中国铜镜的典型合金种类。

23. 希别 – Ⅱ 墓地冢墓 3 出土的铜镜（图版二三）

这面铜镜覆盖有"贵金属"锈。正面因为曾经固定在博物馆的展柜里，保留了一些胶粘剂。埃米塔什国立博物馆对它作了初步分析（分析者 C. B. 哈夫林），发现了下列化学成分：Cu—主要成分；Sn—19% ~ 23%；Pb—5% ~ 7%；As—< 0.4%；Sb、Ag、Ni、Au—微量（Тишкин，2008，c. 81）。

在阿尔泰国立大学，我们用 X 射线荧光光谱仪在不同部位作了多次检测，得到了下列结果：

1）正面：Cu—68.07%；Sn—25.56%；Pb—6.37%；

2）图案面：Cu—62.21%；Sn—30.13%；Pb—7.57%；Ni—0.09%；

3）桥形钮：Cu—57.96%；Sn—33.85%；Pb—8.09%；Fe—0.1%；

4）铜镜边缘光滑的一面，去除了氧化物：Cu—65.3%；Sn—27.17%；Pb—7.48%；Ni—0.05%。

所得数据说明了铜镜为铜—锡—铅合金。

24. 希别 – Ⅱ 墓地冢墓 18 出土的铜镜（图版二四）

这面铜镜的成分组成性质上接近于前一面的分析结果，但是数量上有些差别。我们先在埃米塔什国立博物馆作了分析，发现了下列化学元素含量：Cu—主要成分；Sn—10% ~ 14%；Pb—12% ~ 17%；Sb、Ag—微量（分析者 C. B. 哈夫林）（Тишкин，2008，c. 81）。

在阿尔泰国立大学，我们用 X 射线荧光光谱仪在铜镜的若干部位作了多次分析。需要说明的是，器物正面相当大的部分覆盖着胶粘剂，这是因为它曾经固定在展柜里。以下数据反映了铜—锡—铅合金以及伴生的其他一些元素：

1）凸棱边缘（C. B. 哈夫林为上述分析取样的部位）：Cu—56.95%；Pb—19.82%；Sn—18.89%；Ag—2.84%；Ti—0.81%；Zn—0.69%；

2）正面的中心部位，分析了两次（透过胶粘剂以及清除胶粘剂之后）：

　　a. Cu—48.84%；Pb—34.67%；Sn—16.08%；Zn—0.32%；Fe—0.09%；

　　b. Cu—40.15%；Pb—42.54%；Sn—17.18%；Fe—0.13%；

3）桥形钮：Cu—39.15%；Pb—38.19%；Sn—22.37%；Fe—0.22%；Ni—0.07%；

4）图案面：Cu—53.68%；Pb—28.57%；Sn—17.61%；Fe—0.14%；

5）正面，在清除了氧化物和青铜锈的若干部位作了两次分析：

　　a. Cu—66.3%；Pb—18.03%；Sn—15.61%；Ni—0.06%；

　　b. Cu—63.57%；Pb—21.2%；Sn—15.14%；Fe—0.09%。

上述数据表明这是一件仿制品，依照另一件中国铜镜的仿制品制造而成。表面所含的银可能来自突厥时期墓葬里其他器物的氧化物。

25. 近耶尔班 – XVI墓地墓 6 出土的铜镜残片（图版二五）

整个铜镜都覆盖着氧化物和腐蚀物。2008 年 C. B. 哈夫林在埃米塔什国立博物馆作了首次分析，测定结果如下：Cu—主要成分；Sn—20% ~ 25%；Pb— < 0.3%；As、Ag—微量。

在阿尔泰国立大学，我们用 X 射线荧光光谱仪在残片的若干部位作了分析，得出了下列数据：

1）正面：Cu—78.36%；Sn—21.4%；Fe—0.18%；Pb—0.06%；

2）背面（靠近凸棱）：Cu—75.56%；Sn—23.88%；Fe—0.44%；Pb—0.12%；

3）茬口的两个部位，预先去除了氧化物：

　　a. Cu—72.58%；Sn—27.01%；Fe—0.32%；Pb—0.09%；

　　b. Cu—75.68%；Sn—24.06%；Fe—0.2%；Pb—0.06%。

所有测得数据都表明残片为铜—锡合金。

26. 近耶尔班 – XVI墓地墓 9 出土的铜镜残片（图版二六）

铜镜残片表面覆盖着氧化物和腐蚀，仅局部可以看到"贵金属"锈。2008 年 C. B. 哈夫林在埃米塔什国立博物馆作了首次检测，测定结果如下：Cu—主要成分；Sn—24% ~ 30%；Pb— < 1%；As—微量。

在阿尔泰国立大学，我们用 X 射线荧光光谱仪按照下列方案作了分析。首先，在正面的若干部位作了两次检测，然后是图案，接下来是机械去除了两个部位（茬口和光滑面各一处）的氧化物和锈蚀，然后作了检测。所得化学元素的含量数据依次罗列如下：

1）正面：

　　a. Cu—64.95%；Sn—34.45%；Fe—0.32%；Pb—0.28%；

b. Cu—65.05%；Sn—32.64%；Pb—1.96%；Fe—0.28%；Ni—0.06%；

2）图案表面：

a. Cu—65.98%；Sn—33.5%；Fe—0.3%；Pb—0.14%；Ni—0.08%；

b. Cu—63.23%；Sn—36.21%；Fe—0.29%；Pb—0.16%；Ni—0.11%；

3）去除氧化物和锈蚀的部位：

a. Cu—67.88%；Sn—31.56%；Fe—0.32%；Pb—0.12%；Co—0.07%；Ni—0.06%；

b. Cu—64.88%；Sn—34.74%；Fe—0.27%；Pb—0.11%。

上述数据证明了铜镜残片为带有天然（矿石）杂质的铜—锡合金。

27. 叶卡捷琳诺夫卡－Ⅲ墓地冢墓5出土的铜镜残片（图版二七）

铜镜残片覆盖有铜锈，一面受到腐蚀。在埃米塔什国立博物馆科技部所作的检测发现了下列合金（分析者 C. B. 哈夫林）：Cu—主要成分；Sn—20% ~ 26%；Pb—6% ~9%；As、Ni、Ag—微量（Тишкин，2008，с.80）。墓葬的发掘资料暂时还没有全部发表，公布的只有简要报道（Удодов, Чекрыжова, 2000；Удодов, Тишкин, Горбунова, 2006）。

在阿尔泰国立大学，我们用 X 射线荧光光谱仪按照下列方案作了检测。首先，在正面的两个部位我们作了两次检测，然后分析了图案面，接下来是机械去除了茬口两个部位的氧化物，然后作了两次分析。所得化学元素的含量依次罗列如下：

1）正面：

a. Cu—52.77%；Sn—39.82%；Pb—6.58%；Ti—0.42%；Ni—0.24%；Fe—0.16%；

b. Cu—53.07%；Sn—34.98%；Pb—11.32%；As—0.24%；Fe—0.2%；Ni—0.19%；

2）图案面：

a. Cu—50.5%；Sn—41.13%；Pb—7.67%；Ni—0.28%；Fe—0.24%；Bi—0.18%；

b. Cu—53.7%；Sn—36.87%；Pb—8.67%；Ni—0.25%；Ti—0.3%；Fe—0.21%；

3）去除氧化物和腐蚀的茬口部位（C. B. 哈夫林取样的位置）：

a. Cu—61.23%；Sn—30.58%；Pb—7.84%；Fe—0.18%；Ni—0.17%；

b. Cu—60.17%；Sn—31.26%；Pb—8.1%；Ni—0.25%；Fe—0.22%。

所得结果证实了铜镜残片为铜—锡—铅合金。其余数据证实了天然（矿石）杂质的存在，同时反映了其他一些特性。

28. 波波夫斯卡娅达恰单座冢墓墓1出土的铜镜残片（图版二八）

这块铜镜残片是在发掘阿尔泰边疆区阿列伊县的一座单座冢墓波波夫斯卡娅达恰的墓1时，与其他随葬品一起出土。表面覆盖有铜锈，局部受到腐蚀。在埃米塔什国立博物馆的科技部所进行的检测得到了下列金属成分（分析者 C. B. 哈夫林）：Cu—主要成分；Sn—20%～25%；Pb—4%～7%；As—<0.6%；Sb、Ag、Ni—微量（Тишкин，2008，c.80）。

在阿尔泰国立大学，我们用 X 射线荧光光谱仪对不同部位作了多次分析：

1）正面：Cu—60.23%；Sn—31.07%；Pb—6.69%；Sb—0.79%；Fe—0.63%；As—0.48%；Ni—0.11%；

2）图案面：Cu—61.16%；Sn—31.76%；Pb—4.93%；Sb—0.93%；Fe—0.57%；As—0.52%；Ni—0.13%；

3）去除氧化物的茬口部位（其中一处为 C. B. 哈夫林取样的地方）：

a. Cu—69.72%；Sn—23.05%；Pb—6.7%；Fe—0.53%；

b. Cu—69.94%；Sn—22.21%；Pb—7.37%；Fe—0.48%。

上述分析的结果表明铜镜为典型的铜—锡—铅合金。

29. 罗戈济赫－Ⅰ墓地冢墓 10 出土的铜镜残片（图版二九）

这块出自著名墓地的铜镜残片表面覆盖有铜锈和腐蚀。C. B. 哈夫林在埃米塔什国立博物馆对其化学元素含量进行了初步检测：Cu—主要成分；Sn—20%～24%；Pb、As、Ni—微量。

在阿尔泰国立大学，我们依照已经制订的方案，用 X 射线荧光光谱仪多次对不同部位作了检测，获得了下列结果：

1）正面：

a. Cu—66.35%；Sn—32.85%；Pb—0.38%；Fe—0.28%；Co—0.14%；

b. Cu—60.94%；Sn—37.88%；Fe—0.69%；Pb—0.37%；Co—0.12%；As—微量（?）；

2）图案面：

a. Cu—67.55%；Sn—31.84%；Fe—0.36%；Pb—0.13%；Co—0.12%；

b. Cu—68.12%；Sn—31.3%；Fe—0.23%；Co—0.14%；Pb—0.12%；Ni—0.09%；

3）茬口上 C. B. 哈夫林取样处周围：

a. Cu—62.86%；Sn—36.69%；Fe—0.31%；Pb—0.14%；

b. Cu—62.24%；Sn—36.95%；Fe—0.42%；Pb—0.2%；Co—0.12%；Ni—0.07%；

4）机械去除腐蚀的正面部位：

a. Cu—69.94%；Sn—29.55%；Fe—0.29%；Pb—0.12%；Co—0.1%；

b. Cu—68.33%；Sn—31.07%；Fe—0.32%；Pb—0.14%；Co—0.09%；Ni—0.05%。

所得信息说明了铜镜残片为铜—锡合金，带有一组天然（矿石）杂质。

30. 阿尔泰边疆区出土的铜镜残片（采集品）（图版三〇）

在博物馆藏品中，这块铜镜残片个体很大，表面覆盖有"贵金属"锈和腐蚀。但是出土地点不明。在埃米塔什国立博物馆的科技部所作的检测，得到了下列金属成分（分析者 C. B. 哈夫林）：Cu—主要成分；Sn—28% ~ 32%；Pb—1% ~ 2%；As、Ag、Ni—微量（Тишкин，2008，с.80）。

在阿尔泰国立大学，我们用 X 射线荧光光谱仪在不同部位作了数次分析。首先，对铜镜的正面作了两次检测：

1）Cu—63.23%；Sn—33.96%；Pb—1.69%；Fe—0.83%；Co—0.15%；Ni—0.14%；

2）Cu—65.05%；Sn—31.97%；Pb—1.92%；Fe—0.77%；Ni—0.15%；Co—0.14%。

然后，我们分析了器物的图案面：

3）Cu—58.28%；Sn—38.87%；Pb—1.76%；Fe—0.85%；Ni—0.15%；Co—0.09%；

4）Cu—57.53%；Sn—39.37%；Pb—2.21%；Fe—0.62%；Ni—0.18%；Co—0.09%。

除了上述部位，我们还机械去除了残片茬口的若干部位的铜锈（类似于图案面和正面上的铜锈），得到了类似结果，证实它为铜—锡—铅合金：

5）Cu—66.79%；Sn—31.06%；Pb—1.43%；Fe—0.6%；Ni—0.12%；

6）Cu—67.44%；Sn—30.03%；Pb—1.62%；Fe—0.78%；Ni—0.13%；

7）Cu—69.17%；Sn—28.33%；Pb—1.65%；Fe—0.7%；Ni—0.15%。

31. 乌斯季—沙蒙尼赫 – Ⅰ墓地墓葬出土的铜镜（图版三一）

这是本书所列的斯罗斯特卡文化铜镜中唯一完整的一面。器物首先在埃米塔什国立博物馆用 X 射线荧光分析方法作了分析，然后在阿尔泰国立大学又作了若干分析。这件出自乌斯季—沙蒙尼赫 – Ⅰ墓地的器物有一个特点，就是在其初次铸造时出现了瑕疵，后来人们又试图消除它。这种情况反映在埃米塔什国立博物馆测得的两个结果中，二者彼此相似（Тишкин，2008，с.80）：

1）铜镜：Cu—主要成分；Sn—15% ~ 20%；Pb—4% ~ 7%；Ag—1% ~ 2%；Zn— < 1；As— < 0.5%；Sb、Ni—微量；

2）补铸：Cu—主要成分；Sn—18% ~ 22%；Pb—5% ~ 9%；Ag—1% ~ 2%；Zn— < 1；As— < 0.5%；Sb、Ni—微量。

根据这些数据我们可以断定，补铸大概是在同一个作坊进行的，用的是同样的金属。尽管铜镜存在明显的瑕疵，生产工序还是完成了，并且最后来到西楚梅什地区，进入一座斯罗斯特卡文化的冢墓。

在阿尔泰国立大学，我们用 X 射线荧光光谱仪对器物作了全方位的分析，得到了下列数据：

1）正面：Cu—54.21%；Sn—33.33%；Pb—8%；Ag—2.33%；Zn—0.91%；Fe—0.62%；As—0.47%；Ni—0.13%；

2）背面：

a. Cu—56.67%；Sn—32.43%；Pb—6.95%；Ag—2.22%；Zn—1.02%；Fe—0.58%；Ni—0.13%；

b. Cu—61.24%；Sn—28.17%；Pb—7.04%；Ag—1.96%；Zn—0.88%；Fe—0.64%；Ni—0.07%；

3）桥形钮：Cu—57.67%；Sn—30.92%；Pb—7.08%；Ag—2.32%；Zn—0.97%；Fe—0.7%；As—0.34%；

4）补铸：

a. Cu—51.96%；Sn—32.23%；Pb—8.43%；Ag—4.45%；Zn—2.19%；Fe—0.59%；Ni—0.15%；

b. Cu—53.31%；Sn—31.87%；Pb—8.22%；Ag—3.79%；Zn—1.6%；Fe—0.72%；Ti—0.38%；Ni—0.11%；

5）机械去除氧化物的正面部位：Cu—70.09%；Sn—21.95%；Pb—5.27%；Ag—1.67%；Zn—0.66%；Fe—0.28%；Ni—0.08%。

上述数据证实了铜镜为复杂合金，其主要成分为铜，并添加了大量的锡和少量的铅，在铸造过程中也加了银。其余的元素为天然（矿石）杂质。类似的情况见于塔沙拉—卡里耶尔 - Ⅱ墓地冢墓 2 墓葬出土铜镜的分析数据（Новиков，Тишкин，2010）。

乌斯季—沙蒙尼赫 - Ⅰ铜镜上用于堵塞窟窿的金属中较高含量的银，可能并不是偶然的，而是解决缺陷问题的技术需要。

32. 沙德林采沃 - Ⅰ墓地冢墓 1 墓 4 出土的铜镜残片（图版三二）

这块铜镜残片出自一座斯罗斯特卡文化的墓葬，表面覆盖有"贵金属"锈。最早发表这件器物的作者们，依据其颜色推测镜是银质的（Неверов，Горбунов，1996）。在埃米塔什国立博物馆所作的 X 射线荧光分析（分析者 С. В. 哈夫林），显示了下列成分：Cu—主要成分；Sn—28% ~ 32%；Pb—6% ~ 8%；Ni—微量（Тишкин，2008，с.80）。这些数据证明其中没有银的成分。铜镜之所以出现这种颜色是因为合金中高含量的锡和铅。在阿尔泰国立大学考古学、民族学和博物馆学教研室，我们利用 X 射线荧光光谱仪得到了详细的分析数据，结果如下：

1）正面：

a. Cu—58.33%；Sn—34.56%；Pb—6.8%；Ni—0.18%；Fe—0.13%；

b. Cu—59. 64%；Sn—32. 79%；Pb—7. 27%；Ni—0. 18%；Fe—0. 12%；

2）图案面：

a. Cu—53. 75%；Sn—38. 35%；Pb—7. 49%；Fe—0. 21%；Ni—0. 2%；

b. Cu—52. 99%；Sn—38. 87%；Pb—7. 75%；Fe—0. 2%；Ni—0. 19%；

3）茬口部位，去除氧化物以后：

a. Cu—59. 93%；Sn—32. 08%；Pb—7. 78%；Ni—0. 21%；

b. Cu—63. 24%；Sn—28. 22%；Pb—8. 4%；Ni—0. 14%。

现有的数据能够确定铜镜为铜—锡—铅合金。

33. 亚罗夫斯科耶－Ⅲ墓地冢墓 1 出土的铜镜残片（图版三三）

这块铜镜残片出自一座斯罗斯特卡文化的墓葬，原器个体较大。残片覆盖有"贵金属"锈和腐蚀。为了检测它的化学成分，我们使用不同的方法作了多次分析。这样的工作方式也运用于阿尔泰遗址出土的其他铜镜上，结果显示这种方式相当有效，并且"可以帮助判断有色金属器物的属性"（Тишкин，Хаврин，2006，c. 82）。下面列举的数据都是独立检测得来的。首先，托木斯克国立大学矿物学与地球化学实验室对一个提取的样品作了光谱半定量分析（分析者 Е. Д. 阿加波娃），得到了如下结果：Cu— > 1；Sn— > 1；Pb— ~ 1；P— ~ 1；Ni—0. 04；Si—0. 03；Ba—0. 02；Bi—0. 02；Fe—0. 015；Sb—0. 012；Ti—0. 01；Ca—0. 01；Zn—0. 006；Mn—0. 006；Co—0. 005；Ag—0. 005；Na—0. 003；Ge—0. 002；Au—0. 001；In—0. 0008；Al—0. 0005（重量百分比）。然后在埃米塔什国立博物馆的科技部利用 ArtTAX 的 X 射线荧光分析了铜镜本身（分析者 С. В. 哈夫林），得到了下列成分：Cu—50% ~ 55%；Sn—25% ~ 30%；Pb—8% ~ 12%；As—1% ~ 2%；Sb— < 1%；Ni、Ag—微量。这次分析的结果表明，上述方法并不矛盾，并且可以相互检验和补充。它说明铜镜为带有特征杂质的铜—锡—铅合金，其中大部分或者与主要合金金属伴生于矿石中，或者它们以小数量特意添加到合金里（Тишкин，2008，c. 79 – 80）。最后我们用 X 射线荧光光谱仪作了分析，分析的结果列举如下：

1）正面：Cu—37. 16%；Sn—46. 75%；Pb—13. 03%；Sb—1. 44%；As—1. 13%；Bi—0. 23%；Fe—0. 17%；Ni—0. 09%；

2）图 案 面：Cu—55. 21%；Sn—39. 43%；Pb—2. 88%；Sb—1. 07%；As—0. 63%；Ti—0. 36%；Ni—0. 25%；Fe—0. 17%；

3）茬口部位，去除氧化物之后：

a. Cu—51. 79%；Sn—37. 15%；Pb—8. 74%；Sb—1. 01%；As—0. 94%；Fe—0. 19%；Ni—0. 18%；

b. Cu—53.06%；　Sn—36.36%；　Pb—8.13%；　As—1.02%；　Sb—1.01%；　Fe—0.23%；　Ni—0.19%。

所有数据都表明铜镜为铜—锡—铅合金，含有天然（矿石）杂质。

34. 捷列乌特夫兹沃兹 – Ⅰ 墓地冢墓 1 出土的铜镜残片（图版三四）

最初，托木斯克国立大学矿物学与地球化学实验室提取样品作了光谱半定量分析（分析者 Е. Д. 阿加波娃），发现铜镜残片为铅—锡—锌合金，属于这类器物极其特殊的合金种类（Тишкин，2006б）：Pb—>1；Sn—0.5；Zn—0.5；Cu—0.1；Ba—0.1；Si—0.05；Bi—0.03；Fe—0.03；Sb—0.005；Ag—0.005；Al—0.003；Ni—0.002；Co—0.001；Mg—0.001；Ca—0.001；Ga—0.001；In—0.0005（重量百分比）。从种种迹象来看，样品的金属中掺入了其他金属器碎片，把铅带入其中。我们知道，铅没有完全融入合金，而是以非常小的"颗粒"的形式存在。这样的情况需要我们作补充分析。所以，我们在阿尔泰国立大学用 X 射线荧光光谱仪作了多次分析。所得结果总体而言是这样的：Cu—主要成分（>85%）；Sn—6.5%~8%；Pb—2.5%~4.3%；As—<1%；Sb—>0.5%；Zn—约 0.3%；Fe、Ni—微量。它们显示了铜镜残片为带有一组矿石杂质的铜—锡—铅合金。

现在列出详细的分析数据：

1）正面：

a. Cu—87.96%；　Sn—6.88%；　Pb—4.03%；　Sb—0.54%；　Zn—0.38%；　Fe—0.13%；　Ni—0.08%；

b. Cu—88.31%；　Sn—6.23%；　Pb—4.23%；　Sb—0.65%；　Zn—0.37%；　Fe—0.12%；　Ni—0.09%；

2）图案面：

a. Cu—87.87%；　Sn—8.31%；　Pb—2.54%；　Sb—0.75%；　Zn—0.3%；　Fe—0.15%；　Ni、As—微量；

b. Cu—87.67%；　Sn—7.83%；　Pb—2.78%；　Sb—0.72%；　As—0.52%；　Zn—0.28%；　Fe—0.14%；　Ni—0.06%；

3）正面茬口部位，去除氧化物之后：

a. Cu—87.66%；　Sn—6.82%；　Pb—4.3%；　Sb—0.68%；　Zn—0.31%；　Fe、Ni、As—微量；

b. Cu—87.5%；　Sn—7.85%；　Pb—2.73%；　Sb—0.73%；　As—0.55%；　Zn—0.36%；　Fe—0.16%；　Ni—0.12%。

上述数据以及铜镜的形态和图案特征显示了一个独特的金属镜制作传统，不同于所谓的中国传统（Тишкин，Ожередов，2010）。

上面描述的铜镜属于几个历史时期，每个时期都有自己的技术特征。"前斯基泰"或者阿尔赞—迈埃米尔时期的铜镜，是用砷铜和添加锡和铅的合金制造而成的。C. B. 哈夫林认为："在阿尔泰地区，在前斯基泰时期生产青铜器所用的合金主要是锡青铜"（2008，c. 174），而在下个时期锡变得极度缺乏。在巴泽雷克时期，出现了多样化的合金。如此一来，在所发现的铜镜中，用铜和不同的杂质组合（铅、砷、锑、镍等等）制作而成的器物占主导地位，这些杂质并不是有意添加的合金成分，而是从矿石中直接进入合金的。类似的元素组合常见于米努辛斯克盆地矿区和图瓦的矿区（Хаврин，2003；2007）。其中有些铜镜象征性地加了锡，这种情况很好地体现在特特克斯肯 - Ⅵ、汉卡林斯基谷地和其他墓地的器物上。引人注意的是，一面铜镜的成分中同时含有锡和铅。这个时期还出现了进口的产品，带来了复杂的生产工艺。

在亚洛曼 - Ⅱ墓地发现的匈奴时期的铜镜，大多数可以认定为古代中国工匠的产品，它们不仅在外观上有所不同，而且在化学成分上也有所差异。进口的产品当然为人们所珍视，它们中许多器物以残片的形式保存下来。珍贵的器物人们会想办法仿造。在亚洛曼 - Ⅱ墓地冢墓 57 中发现了一面完整的铜镜，外表看起来像是"中国类型"的产品，但是 X 射线荧光分析结果告诉我们，它是仿制品，合金成分和技术特征（带有缺口的铸造缺陷，打磨粗糙的铸缝）可为佐证。为了使之更加接近原器，工匠们拿中国铜镜作为样本，铸出外形，并尽所有能力保持表面的颜色。在中国，铜镜是用锡青铜或者锡—铅青铜铸造的，这种器物的金属因此呈淡黄色。为了使表面明亮，人们需要加锡。这可以用不同方法来实现。制作这些金属镜的工匠用砷来代替锡（Тишкин，Хаврин，2004，c. 305），其高浓度将铜的颜色变为银灰色（Равич，Рындина，1984），含砷的矿物在大自然中很容易找到。

从中国进口的产品在唐代以后得以增加。我们发现了这样一条规律：在戈尔诺—阿尔泰发现更多的完整的铜镜，在森林草原区则主要是比原物本身存在时间更长的残片，这样，在生产时间和墓葬的建造时间之间出现了很大的年代差距。上面描述的许多铜镜都显示了中世纪金属镜的一系列特征。这种情况使我们有理由推测，这些铜镜是按照统一的工艺制作的，具有中世纪中国铜镜典型的技术特征。金属成分的相似性可以说明它们是在一个手工业中心生产的。

上述的分析补充了 И. B. 博格丹诺娃－别列佐夫斯卡娅的专门研究（1975，c. 140 - 141），表明含铅的锡青铜对制作图案金属镜而言是极好的合金材料，而其中锡、铅、某种杂质和微量铟的含量可以成为我们衡量从中国进口铜镜的历史的一个很好的指标。遗憾的是，用 X 射线荧光分析法来测量金属镜中含量很小的铟是不可能的，为此我们必须运用其他的方法。

　　除了上面的几点思考，铜镜上"模糊的"和不清晰的图案告诉我们，我们面对的不是按照原物制作的仿制品。它们在哪里生产的问题仍然悬而未决。我们只能推测，中国的工匠为游牧民族制造了这样的产品，因为铜镜上的图案对他们意义不大。但我们不排除得到这些铜器的其他渠道。

　　根据X射线荧光分析所得的数据，我们或许可以说，上面提到的中世纪铜镜大概是由中国的或者由中亚的工匠制造的，然后输入到阿尔泰地区。中世纪早期汗国强盛时期发动了一些战争，我们不能排除这些铜镜是军事征伐的产物。铜镜可能是通过戈尔诺—阿尔泰进入鄂毕河上游的森林草原地带的。

　　蒙古时期的金属镜在制作和使用方面也有着自己的特点。除了所谓的中国工艺之外，我们还发现了其他的工艺。

　　X射线荧光分析法的运用让我们看到进一步研究阿尔泰地区出土的金属镜化学成分的前景。在俄罗斯和国外的许多博物馆中都保存着这种器物。所以，考虑到现有的经验（Стратанович，1961；Лубо‒Лесниченко，1975；Масумото，2002；и др.）和运用当代的技术，有人建议开展其他方向的研究。

　　本章所提供的全面的X射线荧光分析的结果还需要进一步的研究和比较分析。它们对于我们复原古代和中世纪金属镜的生产工艺，讨论它们的文化属性和年代以及它们在游牧民族生活系统中的作用时，显得格外重要。

第四章　金属镜作为古代和中世纪阿尔泰考古文化的特征器物
（年代和民族文化联系）

人们认为，南西伯利亚地区制作和使用金属镜的传统是在公元前 2 千纪下半叶形成的（Лубо-Лесниченко，1975，с. 8；Худяков，1998，с. 135；и др.）。在戈尔诺—阿尔泰，这个时期让我们感兴趣的器物（铜镜——译者注）的遗址到今天还没有发现。在鄂毕河上游的草原和森林草原区发现有零星的和独特的铜镜（图四，1~4），其所在的墓葬属于青铜时代晚期（Членова，1994，с. 21 – 22，рис. 5. – 1；Кирюшин，Папин，Позднякова，Шамшин，2004，с. 81，рис. 7. – 1；Грушин，Папин，Позднякова и др.，2009，с. 109，рис. 19）。以前在安德罗诺沃文化的别 – XIV 儿童墓地出土的一件器物，曾经有人认为是青铜镜（Грязнов，1956，с. 16，табл. Ⅲ. –3；Кубарев，2002，64，72）。不过它很可能是直径为 3.5 厘米的金属泡，更早以前巴尔瑙尔的地方志学家 Н. С. 古利亚耶夫在近耶尔班就发现过类似的器物（Тишкина，2010，рис. 88）。

在叶尼塞河中游，金属镜见于青铜时代晚期的卡拉苏克文化（Членова，1967；Варенов，1985，с. 168；Поляков，2008，с. 80；Грязнов и др.，2010，с. 56）。除此之外，在卡拉苏克文化、伊尔敏文化及其他文化的器物中，都发现了相当大的带有桥形钮的金属泡，外观类似于早期的铜镜。有人称它们为"铜镜"，但是也有人指出了两类器物存在差别（Грязнов и др.，2010，с. 56）。这些器物在尺寸、外形、制作质量、摆放位置和其他一些方面都有自己独特的地方。为了说明问题，我们选择了有代表性的一件（图四，5），发现于马雷—贡宾斯基—科尔东 – Ⅰ 墓地 5（Кунгуров，Папин，2001，с. 64，67，рис. 5. – 1）。在一座伊尔敏文化的墓葬里，人们发现了这件铜泡，它位于右前臂旁边。应当指出的是，这件器物我们用 X 射线荧光光谱仪在阿尔泰国立大学考古学、民族学和博物馆学教研室作了分析，获得了以下结果：

1）桥形钮：Cu—99.47%；Fe—0.46%；Pb—0.07%；

2）泡边缘部位，去除氧化物之后：Cu—99.06%；Fe—0.56%；Pb—0.21%；Ni—0.11%；Co—0.06%。

这些数据证明这是一件带有天然（矿石）杂质的铜器。

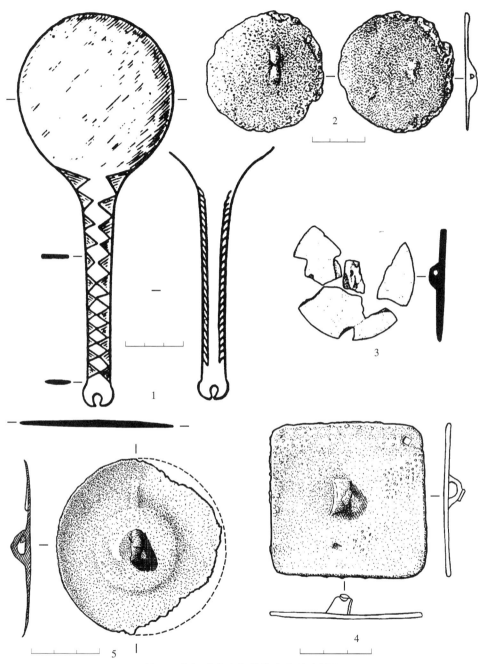

图四 青铜时代晚期墓地出土的金属器

1. 卡梅申卡（引自 Членова，1994，рис. 5. -1） 2. 鲁布列沃 - Ⅵ（引自 Грушин，и др.，2009，рис. 19. -1） 3. 切坎诺夫斯基—洛格 - Ⅶ（引自 Ситников，2000，рис. 1. -4） 4. 鲁布列沃 - Ⅷ（引自 Кирюшин，Папин，Позднякова，Шамшин，2004，рис. 7. -1） 5. 马雷—贡宾斯基—科尔东 - Ⅰ 墓地 5（引自 Кунгуров，Папин，2001，5. -1）

从阿尔赞—迈埃米尔时期开始，铜镜就在墓葬的随葬品中持久地占据着自己的位置（Кирюшин，Тишкин，1997，с. 87 – 89），见于阿尔泰的古代、中世纪早期和中期遗址中（Кирюшин，Степанова，2004；Кубарев，2002；Тишкин，2006，2008；Кубарев Г. В.，2005；Тишкин，2009；и мн. др.）。在本章中，我们再来研究前面几章提到的铜镜，讨论它们的年代学价值以及它们所蕴含的民族文化交往。

在解释一个考古遗址的资料时，一个重要的问题就是它们的年代。阿尔泰地区出土的金属镜的年代问题专家们已经多次讨论过了。其中讨论得最为详细的是斯基泰—塞克时期器物的年代。综合各种特征，中心带有桥形钮的圆饼形以及边缘有凸棱的铜镜是年代最早期的（图五、六）（Грязнов，1947；Членова，1967，с. 82 – 83；Кирюшин，Тишкин，1997，с. 88 – 89；Могильников，1997，с. 81；Кузнецова，2002，с. 39；Кирюшин，Степанова，2004，с. 80；и др.）。阿尔赞—迈埃米尔时期，这种器物在阿尔泰地区大规模传播的年代，从种种迹象来看，大概是公元前 7 世纪下半叶至公元前 6 世纪的 50 ~ 75 年（Тишкин，2007б，рис. 7）。我们无须排除零星铜镜出现时间更早的可能。带有凸棱的铜镜的彻底消失是在公元前 5 世纪，不过在公元前 6 世纪它得到了最广泛的传播（Кирюшин，Тишкин，1997，с. 89）。关于早期铜镜的工艺传统以及它们的使用已经有不少看法了（Скуднова，1962；Членова，1967；Лубо – Лесниченко，1975；Варенов，1985；и мн. др.）。一般而言，铜镜发现于死者的腰带旁边，属于女性的梳妆用品。有人认为，带有尖锐边缘的铜镜可能是作为投掷武器来使用的（Кузнецов，Кузнецова，1995，с. 107）。

带有凸棱的青铜镜属于一种独特的器物，以前曾有学者视之为斯基泰人圣物，由于它们主人的迁徙而传播到广大的区域（从北部黑海沿岸至南西伯利亚）（Кузнецова，1989，с. 144；2002，с. 78）。这些器物的发源地人们初步认为是咸海沿岸，在那里它们集中出土于塔吉斯肯纳墓地和维加拉卡墓地（Вишневская，1973，с. 84 – 85），但是关于这个问题也有其他的看法（Кирюшин，Тишкин，1997，с. 88 – 89；Кубарев，2002；Кузнецова，2002）。我们知道，在中国，有垂直的凸棱和中央有桥形钮的青铜镜出现于公元前 8 世纪至公元前 7 世纪（Скуднова，1962，с. 6）。在图瓦，著名的阿尔赞大冢在发掘时也发现了这种铜镜（Грязнов，1980；Grjaznov，1984）。后来发掘的阿尔赞 – II 大冢，年代可以定为公元前 7 世纪中叶（Евразия...，2005，с. 89 – 90，137）。在这里，这类铜镜与其他早期类型器物一起被发现（Čugunov，Parzinger，Nagler，2010，Tafel 21，66，88 – 90，93，98，102）。

关于铜镜的尺寸、凸棱的用途和其他部件，学术界也有一些探讨和推测（Членова，1967，с. 81 – 82；Степная полоса...，1992，с. 216；Кирюшин，Тишкин，1997，с. 88 – 89；Кузнецова，2002；и др.），但是最终一些问题还是没有解决。研究这些问题，我们必须

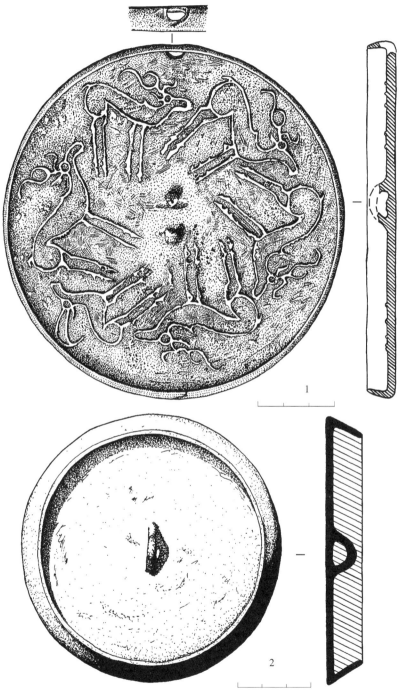

图五　阿尔赞—迈埃米尔时期带有凸棱的金属镜

1. 来自于 П. К. 伏罗洛娃收藏，保存在埃米塔什国立博物馆（А. Л. 昆古罗夫绘制，首次
出版）　2. 克济尔—贾尔－Ⅸ（引自 Могильников, 1986, рис. 5. –4）

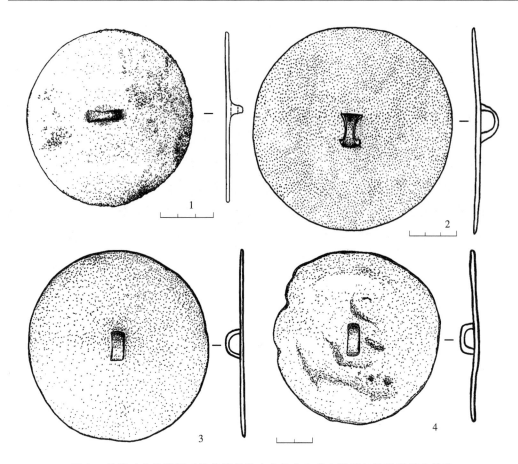

图六　铁器时代早期阿列伊草原墓地出土的中心带有桥形钮的圆饼形金属镜

1. 斯塔罗阿列耶卡－Ⅱ墓葬 52（引自 Кирюшин, Кунгуров, 1996, рис. 14. –2）　2. 诺沃斯克柳伊哈－Ⅰ（引自 Тишкин, Кирюшин, Казаков, 1996, рис. 39. –15）　3、4. 苏维埃路－Ⅰ（引自 Ситников, Шульга, 1998, рис. 4. –1, 6）

使用自然科学方法。一个重要的研究方向应该是合金化学成分的测定和金相分析。我们注意到，阿尔赞—迈埃米尔时期铜镜的一个特征就是个体较大。我们认为大型铜镜是早期特征，然后在公元前 1 千纪中叶和下半叶，出现了器物个体缩小的趋势（Кирюшин, Тишкин, 1997, с. 88; Худяков, 1998, с. 136; 2001, с. 96）。不过，在"斯基泰早期"也出现了个体不大的铜镜，而在一些年代较晚的遗址出现了大型铜镜（Ситников, Шульга, 1998, с. 66; Тишкин, Кирюшин, Казаков, 1996, рис. 39. – 15; Кирюшин, Кунгуров, 1996, рис. 14. –2; Кирюшин, Степанова, 2004, с. 80; и др.）。

在斯基泰—塞克时期的下一阶段，金属镜成为阿尔泰的游牧民族中最为流行的随葬品。它们的大量发现使得系统化成为必要，导致了一系列分类方案的出现（Кубарев, 1987; 1992; Суразаков, 1989; Худяков, 2001）。这些方案的作者们大多数收录了戈尔诺—阿尔泰遗址出土的器物。有关金属镜已有分类方案的描述见于 Ю. Ф. 基留申和 Н. Ф. 斯捷潘诺娃的专著（2004，с. 76 – 85），两位作者同时也提出了另外一个分类方案。阿尔泰边疆区草原和森林草原区遗址出土的器物收录在 В. А. 莫吉利尼科夫（1997，с. 80 – 87）的著作里，也发表于发掘报告或者采集品的研究文章里（Кирюшин，Кунгуров，1996；Кунгуров，1999；Кунгуров，Горбунов，2001；Шульга，2003；Уманский，Шамшин，Шульга，2005；и мн. др. ）。

在研究阿尔泰及其周边地区出土的斯基泰—塞克时期金属镜的过程中，研究者统计了它们的许多特征，这有助于他们详细地描述器物，同时有助于他们观察器物的结构及其外形的变化，以便判断它们的年代。与此同时，我们可以确定，迄今为止还没有人建立这个时期金属镜的发展历程的类型学框架。所以器物存在的年代常常根据可以断代的墓葬出土的类似器物来判断，同时根据器物所在遗址出土的其他器物来加以修正。

在阿尔泰山区和森林草原区出土的铜镜中，有一组特别的器物，就是所谓的东方或者印度金属镜（图七），它们属于"进口铜镜"的重要部分（Васильков，2004；Уманский，Шамшин，Шульга，2005）。

公元前 1 千纪下半叶，在阿尔泰山区和森林草原区出现了中国的金属镜（Тишкин，2006а；Тишкин，Хаврин，2006）。这是游牧民族同周边一些社会交往的结果，因为后者与南部定居—农耕居民有交往活动，所以他们也得到了中国铜镜。这些手工业中心制造的铜镜，其年代可以定得更为准确，并且算上传播的时间以后，可以成为可靠的断代器物（Филиппова，2000，с. 100）。亚洛曼 – Ⅱ 冢墓 61（戈尔诺—阿尔泰）以及菲尔索沃 – ⅩⅣ（鄂毕河上游）出土的铜镜残片与巴泽雷克墓地冢墓 6 出土的铜镜相似。X 射线荧光分析表明，它们都是用中国手工业产品典型的铜—锡—铅合金制造而成的。因为这种合金使铜镜具有硬度大、颜色美观和其他突出的特征（Тишкин，Хаврин，2006，с. 77 – 78）。生产这些铜镜的作坊存在于公元前 311 年至公元前 222 年（Bunker，1991）。

中国金属镜作为断代器物的重要性，在研究戈尔诺—阿尔泰出土的"匈奴—萨尔马特"时期的资料时得到了证实。让我们感兴趣的器物发现于公元前 2 世纪至公元 1 世纪的一系列遗址（图八）（Соенов，Эбель，1992；Худяков，1998；Тишкин，2006а；Киреев，2008），并且划定了布郎—科巴文化的早期（乌斯季—埃季甘）阶段的年代范围（Тишкин，Горбунов，2006）。至今为止，亚洛曼 – Ⅱ 墓地出土的所有铜镜残片我们已经作了多次 X 射线荧光分析，分析结果肯定了它们为中国产品（参见第三章）。匈奴时期墓地的年代范围，可以用布郎—科巴文化早期阶段的下限以及巴泽雷克社会的终止年代来确定。在亚洛曼 – Ⅱ 墓地发现的"仿照"中国铜镜（Тишкин，

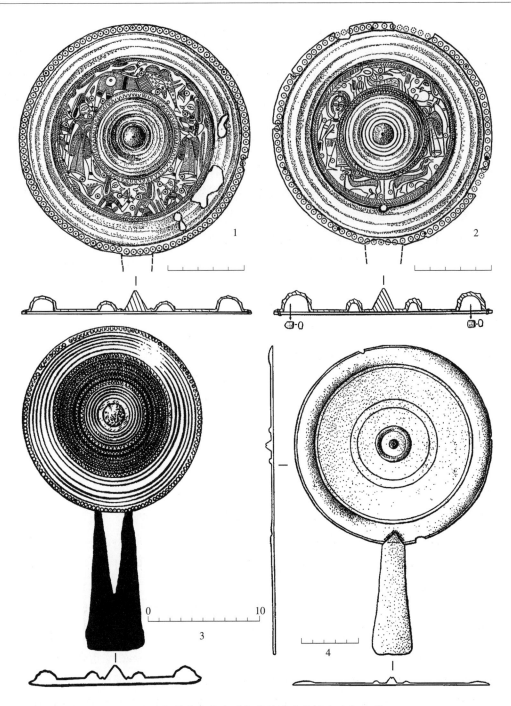

图七　斯基泰—塞克时期墓地出土的"印度"铜镜

1、4. 罗戈济赫 - Ⅰ（引自 Уманский，Шамшин，Шульга，2005，рис. 12；18. -3）　2. 洛科季 - Ⅳa
（引自 Шульга，2003，рис. 9）　3. 巴泽雷克（引自 Руденко，1948，табл. XXⅢ. -1；1953，рис. 83；
Кузнецова，1995，рис. 1 - a）

Хаврин，2006，с. 83）制造的完整铜镜同样重要。中国样品的年代为公元前 2 世纪至公元前 1 世纪末（Масумото，1993，с. 251）。从种种迹象来看，仿照进口器物的本地复制品也见于乌斯季—埃季甘墓地（Худяков，1998，с. 137 – 138，рис. 5. – 7），但是这件器物没有作合金成分分析。

　　阿尔泰的匈奴时期遗址出土的金属镜数量相当少。它们见于布郎—科巴文化的墓地乌斯季—埃季甘（Худяков，1998）、琴杰克（Киреев，Кудрявцев，Вайнберг，1992，с. 59 – 61；Соенов，Эбель，1992，с. 50 – 51，рис. 18. – 10；Киреев，2008）和亚洛曼 – Ⅱ（Тишкин，Горбунов，2003；2006；и др.）。关于阿尔泰遗址出土的匈奴时期金属镜，肉眼观察到的特征和 X 射线荧光分析的结果可以将它们划分为两个大类。第一类铜镜一面有浮雕图案，另一面光滑，独特的图案和合金成分表明它们来源于中国。金属镜的年代可以根据中国考古遗址以及匈奴墓葬和居住遗址发掘出土的类似器物来确定。琴杰克墓地墓 6 出土的铜镜残片（图八，1），专家认为属于公元前 2 世纪末至公元 1 世纪初中国生产的类型，在西汉时期最为流行（Киреев，2008，с. 51）。类似器物发现于外贝加尔和蒙古北部的匈奴遗址的发掘资料中（Руденко，1962，рис. 65. – а；Филиппова，2000，с. 101 – 102，рис. 1. – 1，3）。类似于琴杰克墓地冢墓 28 出土的铜镜残片（图八，2）的金属镜，其年代据 Е. И. 卢博 – 列斯尼琴科（1975，с. 119，рис. 108）为公元前 2 世纪，在以后的时期还有它们的仿制品。类似于这类铜镜的器物在北方还有发现，我们指的是巴拉巴平原的马尔科沃 – Ⅰ墓地的公元前 2 世纪至公元前 1 世纪墓葬中发掘出土的一面铜镜（Полосьмак，1987，рис. 33. – 4）。或许属于这个时期的还有乌斯季—埃季甘墓地发掘出土的一块铜镜残片。这件器物（图八，4）的旁边放置另一件铜镜，上面有用几个乳丁做成的图案，它们之间的空隙用不同的风格化图案填充（Филиппова，2000，с. 104 – 105，рис. 2）。

　　我们再来看看亚洛曼 – Ⅱ墓地发掘出土的金属镜，特别讨论一下它们的年代问题。

　　冢墓 61 出土的铜镜残片属于中国汉朝之前流行的类型（Лубо – Лесниченко，1975，с. 37，рис. 1；Масумото，2005，рис. 1；2. – 2）。这些器物的生产时间为公元前 4 世纪末至公元前 3 世纪，而它们的使用却持续了相当长的时间（Лубо – Лесниченко，1975，с. 9）。冢墓 52 出土的另外一块残片与公元前 3 世纪的中国铜镜非常接近（Лубо – Лесниченко，1975，с. 38，рис. 3），类似的器物发现于匈奴时期的伊沃尔加城址（Давыдова，1995，табл. 103. – 7）。另外两块残片发现于亚洛曼 – Ⅱ墓地冢墓 51 和冢墓 56，它们受到了严重的腐蚀。这些器物的年代，根据两座冢墓的器物群和放射性碳测定年代（Тишкин，2007а），可以确定与墓地的年代范围——公元前 2 世纪至公元前 1 世纪相同。就像我们在第一章中指出的，冢墓 57 出土的完整铜镜的细节具有汉代中国产品的特征。这种铜镜在中国出现的时间，根据 Т. 马苏莫托（1993，

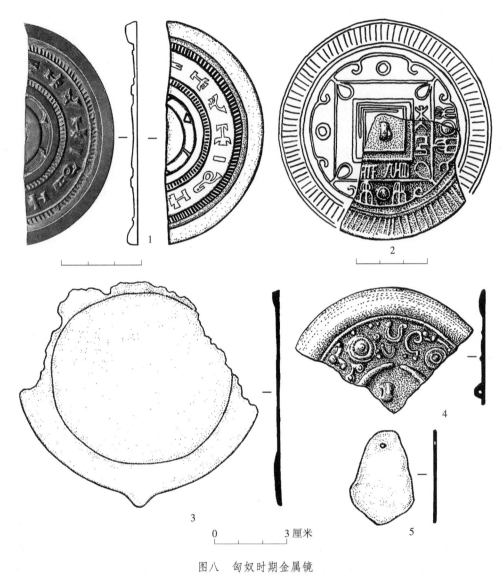

图八　匈奴时期金属镜

1. 琴杰克（引自 Киреев，2008，рис. 1. - 2 - 3）　2. 琴杰克（引自 Соенов，Эбель，1992，рис.
18. - 10）　3 ~ 5. 乌斯季—埃季甘（引自 Худяков，1998，рис. 3. - 1 - 3）

　　c. 251）的看法，可以定在公元前 2 世纪至公元前 1 世纪末之间。我们应当再次指出，
铜镜的一些图案元素，包括连弧纹带，在中国出现的时间要稍早一些（Филиппова，
2000，c. 105）。

　　第二类阿尔泰的匈奴时期金属镜在外形上迥异于上面讨论的第一类器物。它们的
主要特征为圆饼形镜面，扁平的凸棱，侧面有销钉，没有花纹。仅仅在一面铜镜上可
见由两条划线组成的带纹。第二类铜镜发现于乌斯季—埃季甘墓地（Худяков，1998）。

根据所有的特征，这些器物属于"萨尔马特"文化圈遗址常见的器类。它们在广袤的土地上传播，并且使用的时间很长——从公元前6世纪开始，延续到公元1千纪的上半叶（Левина, Равич, 1995, c. 127）。同时，与乌斯季—埃季甘墓地出土器物（图八，3、5）相似的、最经常使用的铜镜，属于公元前1世纪后25年至公元1世纪初期（Литвинский, 1978, c. 80 – 81；Захаров, 2000, c. 35；и др. ）。

上面所分的两类金属镜反映了匈奴时期的阿尔泰居民维持着两个方向的文化交流。第一类铜镜生产于中国的手工业中心，它们可能是通过与中国有着密切交往的中亚游牧民族来到阿尔泰的。来自中国的铜镜在阿尔泰山区和森林草原区遗址中出现的时间是在斯基泰—塞克时期末期（Руденко, 1953, c. 114, рис. 85；Степная полоса..., 1992, табл. 63. - 7；Кирюшин, Шамшин, Нехведавичюс, 1994, рис. 6. – 13；Тишкин, Хаврин, 2006, рис. 2；5. –2）。在这些地区的公元前2世纪至公元1世纪的遗址中，已经发现了9件这样的器物。根据 И. В. 菲利普波娃的统计（2000, c. 101），在外贝加尔和蒙古北部的匈奴墓葬里发现了16面。可见，阿尔泰是这种器物集中发现的一个区域，它是南部区域游牧民族与外界交流的结果。第二类金属镜反映了萨尔马特文化圈对阿尔泰游牧民族的器物群的影响。我们不能排除，此类器物出现在上述区域反映了与东哈萨克斯坦居民的联系，它们可能通过该区域流传到阿尔泰地区（Тишкин, Горбунов, 2006, c. 38）。

通过研究古代末期游牧民族的铜镜，我们不仅发现了同中国之间的联系，而且发现了同其他区域居民之间的联系。需要注意的是，比克、迈埃米尔、巴泽雷克及其他文化遗址出土的让我们感兴趣的器物属于"泛斯基泰"的器类（Членова, 1967, c. 81；Кирюшин, Степанова, 2004, c. 76），曾经传播到广阔的地域，所以，类似的器物可以在不同的区域发现。生活在阿尔泰—萨彦岭山脉及其周边区域的游牧民族与外界的文化联系是十分活跃的。在阿尔泰地区发现的斯基泰—塞克时期的铜镜类型及其艺术造型广泛发现于蒙古、外贝加尔、中亚、哈萨克斯坦，甚至较为遥远的地区（Кузнецова, 2002；Кубарев, 2002；и др. ）。研究者曾经特别注意所谓的东方或者印度铜镜或拨浪鼓，并研究或可视为它们的简化类型的器物（图七）。分析现有资料，并考虑了其他研究者的探讨，我们可以为这些器物的使用年代划一个宽泛的年代范围：从公元前 6 ~ 5 世纪之交至公元前 4 世纪（Шульга, 2003, c. 92；Уманский, Шамшин, Шульга, 2005, c. 31）。但是在阿尔泰地区，它们发现于公元前5世纪下半叶至公元前4世纪的遗址中。

匈奴时期阿尔泰地区还有一部分铜镜来源于"萨尔马特"文化圈，我们需要单独思考一下它们的使用问题（Худяков, 1998, c. 138；Тишкин, Хаврин, 2006, c. 84）。关于该文化圈的影响，我们以前讨论过了（Тишкин, Горбунов, 2006）。这里我们应当介绍 A. M. 哈赞诺夫（2008）的观点，就是萨尔马特部落在当时不仅活动于西方，也活动于东方。

无论如何，我们可以根据合金成分的分析数据来探讨铜镜的产地问题。这种方法适合于不同时期器物的特点并已经反复得到了学术文献的肯定（Могильников，1997，c. 86；Кузнецова，2002，c. 17–18；и др.）。

游牧民族同定居—农耕中心之间的贸易和政治联系同样发生在中世纪的各个时期。公元 1 千纪中期，中亚地区发生了暴风雨般的政治和民族文化事件。

阿尔泰遗址出土的中世纪金属镜属于不同的游牧民族社会。其中有代表性的一批就是上述草原、森林草原和山麓地区的斯罗斯特卡文化遗址出土的铜镜。它们出自格里亚兹诺夫阶段（公元 9 世纪下半叶至 10 世纪上半叶）和沙德林采沃阶段（公元 10 世纪下半叶至 11 世纪上半叶）的遗址。在当时，斯罗斯特卡文化完成了游牧民族的统一，并且扩大了自己的领土（Неверов，Горбунов，2001；Тишкин，Горбунов，2002，c. 83–84）。大部分铜镜发现于墓葬中（Абдулганеев，Егоров，1995；Могильников и др.，1980；Неверов，Горбунов，1996；Могильников，2002；Абдулгаев и др.，1995；Тишкин，Горбунов，1998；2000；Грушин，Тишкин，2004；и др.）。此外还有两件采集品（Белоусов，2000，рис. 2. –1；Тишкин，2008；Тишкин，Серегин，2009，фото 11–12）。几乎所有的器物，除了一个例外（Горбунов，1992，рис. 3），都是残片。这种现象一方面反映了它们的重复使用和长时间使用（Тишкин，2008，c. 79），另一方面反映了从遥远地区获得进口器物的困难。我们当然不能排除出于礼仪活动的某种需要故意弄碎铜镜的情况（Серегин，2007，c. 116–117；Савинов，Новиков，Росляков，2008，c. 26–27）。本书第三章提供的一系列金属镜的化学成分分析结果可以确定，许多器物都是按照同一工艺生产的，而它正是中国中世纪手工业中心的典型工艺（Тишкин，2008，c. 81）。这一组器物显示了中亚地区游牧民族为中国的半边缘地区的游牧民族的一个贸易对象。

另一种中世纪早期的金属镜来自于阿尔泰山区的突厥文化墓葬（Евтюхова，Киселев，1941，рис. 34；Гаврилова，1965，рис. 7. –6；Суразаков，1990，рис. 22. –1；Савинов，1982，рис. 5. –9；1994，рис. 107. –3；Кубарев，2005，табл. 46. –4；95. –3；и др.）。和斯罗斯特卡文化冢墓出土的器物相比，它们拥有更多完整器物。迄今为止，阿尔泰地区的突厥墓葬已经出土了 6 面铜镜和 5 块铜镜残片。出土这些器物的遗址属于突厥历史的不同阶段，年代为公元 7 世纪下半叶至 11 世纪（Тишкин，Горбунов，2005，c. 161–163）。

阿尔泰山区和森林草原区的蒙古时期遗址出土的金属镜数量不大（Тишкин，2009）。三块铜镜残片发现于卡尔马茨文化的墓葬中，年代为公元 13 世纪至 14 世纪。另外两面完整的铜镜发现于阿尔泰山区蒙古时期的墓葬中。

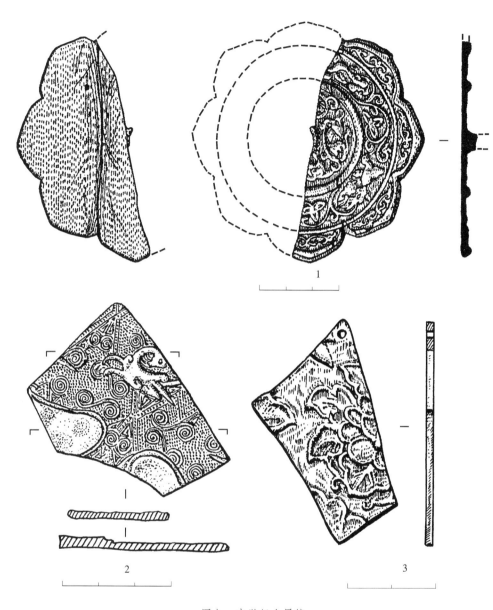

图九　中世纪金属镜

1. 基里尔洛夫卡 - Ⅴ（引自 Могильников，1996，рис. 1. -1）　　2. 拉兹杜米耶 - Ⅰ（引自 Булоусов，2000，рис. 2. -1）　　3. 吉列沃 - Ⅸ（引自 Могильников，2002，рис. 68. -3）

　　今天，研究者拥有 40 多面公元 1 千纪下半叶至 2 千纪上半叶的金属镜。通过研究它们的各种特征，我们可以探讨它们的年代及来源问题。在研究上述中世纪早期（突厥文化和斯罗斯特卡文化）遗址出土的金属铸造艺术品时，我们将它们分为两大类。

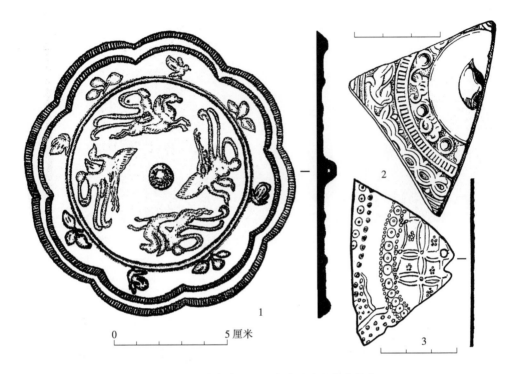

图一〇　阿尔泰中世纪早期遗址出土的金属镜

1. 库罗塔-Ⅱ（引自 Суразаков，1990，рис. 22. -1）　2. 库赖-Ⅲ（引自 Евтюхова，Киселев，1941，рис. 34）　3. 卡缅内—洛格（引自 Соенов и др.，2002，рис. 1. -13）

　　第一类金属镜的外形特征表明它们来源于中国或者是中国产品的仿制品。中国最为流行的一种就是尤斯特德 - ⅩⅣ 墓地和塔拉斯金 - Ⅴ 山墓地出土的器物（Кубарев，2005，табл. 46. -4；Грушин，Тишкин，2004，рис. 1. -1）。这些金属镜为圆形，中央有桥形钮，其周围有在葡萄树丛活动的四个动物，内区图案以藤蔓状的棱线分开，外区表现葡萄嫩枝与其中的黄鹂。边缘有很高的凸棱，呈风格化的棕榈叶状。已经发现不少类似的器物，广泛分布于许多地区（Евтюхова，1957，рис. 3；Распопова，1972，рис. 2；Лубо - Лесниченко，1975，рис. 15 - 20；Молодин，Соловьев，2004，рис. ⅩⅣ，табл. ⅩⅧ. -43；и др.）。年代为公元 7 世纪至 9 世纪（Лубо - Лесниченко，1975，с. 18）。

　　另一种在中国之外非常流行的是八瓣形铜镜。阿尔泰遗址（库罗塔 - Ⅱ、基里尔洛夫卡 - Ⅴ、吉列沃 - ⅩⅥ、亚罗夫斯科耶 - Ⅲ、波波夫斯卡娅达恰）出土了 5 面，除了一面（图一〇，1），均为残片（Суразаков，1990，рис. 22. -1；Могильников，1996，рис. 1. -1；2002，рис. 133. -8；Тишкин，Горбунов，1998，рис. 1. -12；Горбунов，Тишкин，2001，рис. 1. -25）。这种铜镜（图九，1）的重要特征，除了外形，就是图案。它们的背面常常装饰凤凰、麒麟或者鸳鸯；在外区装饰风格化的花卉，与棕榈叶纹交错分布。

从种种迹象来看，此类铜镜残片也见于沙德林采沃－Ⅰ墓地的斯罗斯特卡文化墓葬中
（Неверов，Горбунов，1996，рис.5.－5）。带有上述图案的八瓣形铜镜的流行时间为
公元 8 世纪至 9 世纪（Лубо－Лесниченко，1975，с.54－55，60 и др.）。

阿尔泰中世纪早期遗址出土的最晚的金属镜可以卡缅内—洛格墓地和拉兹杜米耶－Ⅰ
墓地的器物为代表（Соенов и др.，2002，рис.1.－13；Белоусов，2000，рис.2.－1）。
根据这些残片的一系列特征，可以将它们定为公元 10 世纪至 11 世纪的产品。根据 Е. И.
卢博－列斯尼琴科的观察（1975，с.25），在这个时期，唐代的浮雕铜镜和厚重铜镜转变
为装饰精细图案的轻薄铜镜。对于其中的一面（图一〇，3），远东铜镜著名专家 Т. 马
苏莫托已有结论（Соенов и др.，2002，с.123）。另一块残片（图九，2）发现于鄂毕
河的拉兹杜米耶－Ⅰ城址内（Белоусов，2000），在阿尔泰国立大学的考古学、民族学
及博物馆学教研室，我们多次用 X 射线荧光光谱仪对其作了检测。我们首先分析了边
缘凸棱处的茬口部位，得到了下列结果：

1）Cu—56.6%；Sn—40.08%；Pb—3.06%；Ni—0.14%；Fe—0.12%。

然后我们分析了图案面和正面，成分数据分别为：

2）Cu—60.79%；Sn—37.04%；Pb—1.95%；Ni—0.11%；Fe—0.11%；

3）Cu—64.74%；Sn—33.04%；Pb—1.85%；Ti—0.27%；Ni—0.1%。

我们又作了检验分析，预先去除了茬口部位的氧化物：

4）Cu—63.57%；Sn—33.43%；Pb—2.9%；Ni—0.1%。

这些数据显示了该残片运用了传承有序的铜—锡—铅合金工艺。

在游牧民族中，突厥同中国有着更为紧密的经济和政治联系。在发掘这个社会的
遗址时，人们发现了很多周边定居农业社会的手工业中心生产的器物（Серегин，
2008б）。同斯罗斯特卡文化冢墓出土的金属镜相比，我们可以看到更多的完整器物，
迄今为止，阿尔泰突厥人的墓葬里已经出土了 6 面这样的铜镜。其余的为残片。在大
多数情况下，人们已经根据其外部特征确定它们为外来品，而外部特征在初期研究中
的重要性是毋庸置疑的。

乌尊塔尔－Ⅵ墓地和乌斯季—沙蒙尼赫－Ⅰ墓地的墓葬出土了两面完整的铜镜
（Кляшторный，Савинов，2005，с.215，фото；Горбунов，1992，рис.3）。在这些器
物上，可以看到中国产品所具有的典型的中央桥形钮和同心圆分区，但是它们缺乏图
案并且有明显的铸造缺陷。有研究者指出，唐代晚期质量不好的铜镜得到普及，并且
其制作技术开始急剧下降（Масумото，2005，296）。

还有一些铜镜残片或许也是中国产品。由于它们的保存状况不好，或者残片太小，
所以难以判断它们的类型。阿尔泰森林草原区的一件采集品（Тишкин，Серегин，
2009，фото 11－12），从残存的图案来看，接近于公元 8 世纪至 9 世纪流行的器物

（Лубо－Лесниченко，1975，рис. 23，с. 54）。其余的残片（吉列沃－Ⅸ，图九，3；叶卡捷琳诺夫卡－Ⅲ，Могильников，2002，рис. 68. －3；The Altay culture，1995，фото 178）缺乏任何典型的特征，但是它们更有可能属于中国的金属铸造产品。

　　希别－Ⅱ墓地出土的两面金属镜的断代同样也存在困难（The Altay culture，1995，фото 172）。它们发现于公元7世纪至8世纪的突厥文化墓葬中，但是拥有接近于唐朝以前器物的一些特征：风格化的龙纹，四乳丁纹，等等。它们的个体不同寻常，较小，不是典型的中国铜镜。这些和其他类似器物的年代也许可以定为公元4世纪至6世纪。与希别出土的一面铜镜类似的器物在克拉斯诺亚尔斯克博物馆有一件（Н. П. 马卡罗夫提供的信息）。希伯－Ⅱ墓地出土的两面铜镜的成分分析似乎表明它们不完全是来自中国的优质产品（Тишкин，2008，с. 81），而与此同时它们也表现出一些差别，也就是仿制品具有的特征。

　　库赖－Ⅲ墓地出土的一面铜镜（图一○，2），已经发表于 Л. А. 耶夫秋霍娃和 С. В. 吉谢列夫的论文（1941，рис. 34），其图案以及组成元素也见于唐朝铜镜。根据 Е. И. 卢博－列斯尼琴科（1975，с. 41）的观点，其年代为公元4世纪至6世纪。同时，出土这块残片的墓葬的年代，被定为公元9世纪下半叶至10世纪上半叶之间（Кляшторный，Савинов，2005，с. 228；Тишкин，Горбунов，2005，с. 162）。这件器物有可能是年代较晚的仿制品。

　　另一个方向的交流，从种种迹象来看，是与中亚之间。我们分出的第二类金属镜，其起源可能就是这个地区。它们与中国铜镜的差别不仅仅表现在外观特征上（外形、颜色、图案，等等），而且也表现在金属成分上（Тишкин，Серегин，2009，с. 116）。阿尔泰森林草原区的斯罗斯特卡文化遗址如罗戈济赫－Ⅰ（Неверов，1990；Тишкин，Горбунов，2000）及近耶尔班－ⅩⅥ（Абдулганеев，Казаков，Горбунов，1995）出土的铜镜，在彭吉肯特、天山和土库曼斯坦的遗址中发现了类似的器物（Распопова，1972；Табалдиев，1999；и др.）。需要补充的是，同中亚手工业中心的间接联系也见于遥远的北部地区（Троицкая，Черноскутов，1984）。

　　两块铜镜残片（Абдулганеев，Казаков，Горбунов，1995，рис. 2 － 8；Тишкин，Горбунов，2000，рис. 1. －15）以不高的凸棱及以中心带点的圆圈纹的特征与其他铜镜区分开来。在中亚的公元8世纪中期至9世纪的遗址中发现有类似的器物（Распопова，1972，с. 67，рис. 1. －6 －7；Табалдиев，1999，с. 78，рис. 1. －4）。卡坦达－Ⅱ墓地突厥文化墓葬出土的铜镜残片或许也可以归入此类（Гаврилова，1965，рис. 7. －6）。在现存部分可以看到边缘有一圈凸棱，其内侧有一圈连续半圆纹。关于这些器物的年代问题，研究者曾多次讨论过。Е. И. 卢博－列斯尼琴科根据米努辛斯克博物馆收藏的类似铜镜，将它们的年代定为公元3世纪至5世纪，上面的图案反映了它来自西方，可能来源于萨尔马特（1975，c. 13，41 – 42，рис. 11）。另一方面，这种铜镜广泛分布于蒙古时期的墓葬中（Иванов，Кригер，1988，рис. 13. – 23；Табалдиев，1999，c. 78，рис. 1. – 3；Руденко，2004，рис. 1. – 15；и др.）。在阿尔泰，这种铜镜残片发现于年代为公元 7 世纪下半叶至 8 世纪上半叶的墓葬中（Гаврилова，1965，c. 61）。这种情况也许可以解释为这种图案铜镜的长期生产以及这种铸造产品的长期使用。

　　属于中世纪早期和中期之交的铜镜有阿尔泰森林草原区的奥辛基墓地发掘出土的一批（Савинов，Новиков，Росляков，2008，рис. 10. – 14 – 19，фото 12）。这批让我们感兴趣的器物（图一一），依照 Е. И. 卢博 – 列斯尼琴科的看法，属于中国产品的仿制品，有着不同的来源，并且整批铜镜的年代可能都落在公元 11 世纪至 12 世纪的范围之内（Савинов，Новиков，Росляков，2008，c. 26）。根据随葬品和墓葬方向，一部分中世纪墓葬可以归入公元 11 世纪至 12 世纪，而另一部分可以归入公元 13 世纪至 14 世纪（Горбунов，2006，c. 136，138；Тишкин，2009，c. 99 – 107）。这批铜镜包含了各种类型的中国铜镜的仿制品，因此它们无疑需要作单独的研究，其中包括运用自然科学的分析方法。这项工作已经开始了。在埃米塔什国立博物馆科技部，С. В. 哈夫林对该墓地出土的铜镜残片作了 X 射线荧光光谱分析，获得了下列的化学元素含量：

　　1）墓 22：Cu—主要成分；Sn—8% ~ 12%；Pb—14% ~ 20%；Ag—微量；

　　2）墓 29：Cu—主要成分；Sn—8% ~ 12%；Pb—12% ~ 16%；As—微量；Ag—微量；

　　3）墓 30：Cu—主要成分；Pb—14% ~ 19%；Sn—6% ~ 9%；As— < 1%；Ni、Ag—微量；

　　4）墓 39：Cu—主要成分；Sn—9% ~ 13%；Pb—5% ~ 9%；Ag—微量；As—？；

　　5）墓 46：Cu—主要成分；Pb—10% ~ 14%；Sn—9% ~ 12%；As— < 0.8%；Sb、Ag—微量；

　　6）墓 74：Cu—主要成分；Sn—12% ~ 16%；Pb—8% ~ 12%；As— < 0.7%；Sb、Ni、Ag—微量。

　　大部分数据显示了这批铜镜为带有天然杂质的铜—锡—铅合金。其中两个数据中铅含量都高于锡含量。

　　在阿尔泰山区和森林草原区的蒙古时期其他遗址中发现了一小批金属镜（图一二）。器物的年代我们定为公元 13 世纪至 14 世纪（Тишкин，2006б；2009）。要取得更为精确的年代，我们可以借助于乌拉尔、天山、哈萨克斯坦出土的大批类似器物，也可以借助于中国出土的可断代器物。前面我们提出的将铜镜进行分类研究，并实施于中世纪早期资料的方法，也运用到阿尔泰蒙古时期遗址出土的为数不多的器物中。

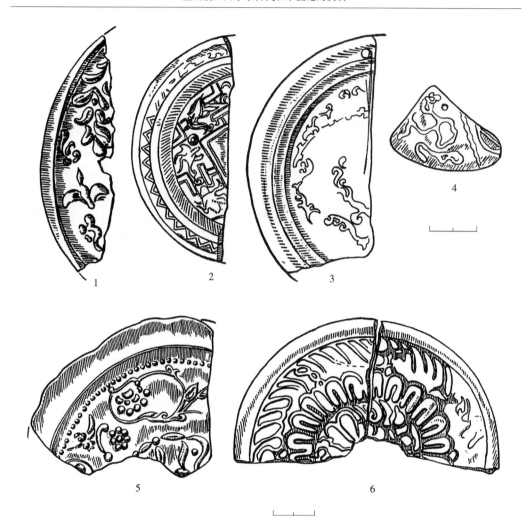

图一一　奥辛基墓地出土的金属镜残片

（引自 Савинов，Новиков，Росляков，2008，рис. 10. –14 –19）

公元 13 世纪至 14 世纪阿尔泰地区出土的第一类铸造铜镜来自中国手工业生产中心。但是，别尔捷克 – XX 墓葬发掘出土的这种金属镜（图一二，2），是一种描绘柳毅传说画面的颇为流行的铜镜（Молодин，Соловьев，1994，с. 153）。类似的器物见于托木斯克和米努辛斯克博物馆的藏品（Лубо – Лесниченко，1975，рис. 85；Ожередов，Плетнева，Масумото，2008，табл. 4. –36）。依照 Е. И. 卢博 – 列斯尼琴科的看法（1975，с. 30 – 31，90 – 92），这些铜镜的年代为公元 13 世纪至 14 世纪。Т. 马苏莫托把他研究的几面铜镜归入公元 12 世纪（Ожередов，Плетнева，Масумото，2008，с. 149）。另外一面蒙古时期的中国铜镜发现于库德尔盖墓地墓 17 中（图一二，4）。当时 М. П. 拉夫罗娃做了研究，认为在中央桥形钮的周围，凸棱圈以内有象征动物的浮雕："龙、虎、乌龟和蛇，大概还有凤凰"（Руденко，Глухов，1927；Гаврилова，1965，с. 44 – 49）。出土该铜镜的墓葬的年代为公元 13 世纪至 14 世纪。

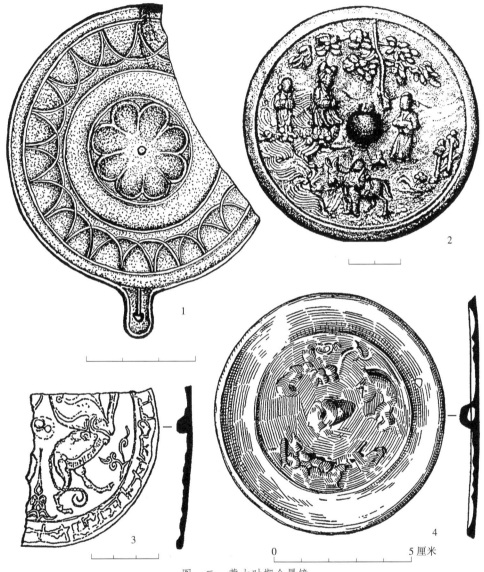

图一二　蒙古时期金属镜

1. 奥斯特罗夫诺耶 – Ⅲ（引自 Иванов，1999，рис. 1. –3；2000）　2. 别尔捷克 – ⅩⅩ（引自 Молодин，Соловъев，1994，рис. 124）　3. 比斯克的采集品（引自 Масумото，1993，рис. 1. – r）　4. 库德尔盖（引自 Гаврилова，1965，табл. ⅩⅩⅥ. – 4）

除了中国铜镜之外，在阿尔泰的蒙古时期遗址中还有一些器物，来源于其他生产中心，我们暂时将它们一起归入第二类金属铸造器物。这类铜镜的一块残片发现于距比斯克市不远的地方（图一二，3）。在主要的图案区内，人们描绘狮身人面像形式的神兽，而在边缘则有一周阿拉伯吉利题记（Масумото，1993，с. 251）。这件器物属于近东生产的一面铜镜，在公元12世纪至14世纪中不仅流行于穆斯林世界，而且流行于欧亚大陆的许多地区。在阿尔泰邻近地区发现的类似器物，米努辛斯克博物馆有一些（Лубо-Лесниченко，1975，рис. 98，100），托木斯克国立大学的西伯利亚考古学和民族学博物馆也收藏了一些。

在奥斯特罗夫诺耶－Ⅲ（图一二，1）和捷列乌特夫兹沃兹－Ⅰ（Тишкин，2009）墓地发现的器物，属于蒙古时期在欧亚大陆草原非常流行的一批铜镜。在第一面铜镜的中央，装饰一朵多瓣花蕾，而在边缘有一圈连弧纹，其两侧以凸棱分开。上述铜镜的类似器物发现于东欧（Федоров－Давыдов，1966，с. 78－84，рис. 13）、西乌拉尔（Иванов，Кригер，1988，рис. 11．－19）、哈萨克斯坦（Мерц，Тишкин，2000，рис. 1．－3）以及其他地区。捷列乌特夫兹沃兹－Ⅰ墓地出土的铜镜残片的中央为几个乳丁围成的圆圈，靠近图案区为内外两区的分界凸棱。关于这种铜镜上的图案的详细描述，以及它们具体的分布情况，已有一些专门出版物予以介绍（Ожередов，2010；Тишкин，Ожередов，2010）。

总之，尽管我们就上述问题做了大量工作，仍有许多问题没有解决，需要作进一步的专题研究。它们的解决必须运用综合方法，实施一系列研究步骤。首先，我们必须全面研究器物的形态，并在分类研究的基础上建立类型学框架。同样重要的步骤是研究器物图案的风格特征。通过分析铜镜的金属成分分析数据可以获得大量的信息，上一章就罗列了一些这样的信息。

在研究金属镜时，另一个方面就是它们在古代末期和中世纪游牧民族的精神文化中所起的作用。现在已经有大量的资料，可以让我们看到一些有意思的现象，理解铜镜在游牧民族中的社会意义。其中重要的问题就是这些器物在游牧民族的世界观体系中扮演的角色。有关这个问题，我们将在下一章概括性地讨论。

第五章　游牧民族观念中的金属镜
（世界观和社会角度）

古代和中世纪游牧民族社会的世界观和社会组织问题，就考古学资料而言，属于社会复杂程度问题。这种研究不仅需要全面分析现有的资料，同时需要进一步解释所获得的结果。关于后者我们还需要收集各种补充资料（文字资料、民族学资料、人类学资料等等）。

研究古代和中世纪游牧民族的精神文化和社会制度各种问题的重要资料之一就是器物群。不言而喻，要获得完整和客观的信息，我们只能通过分析各种器物来实现。同时，其中一些器物通过研究之后可以让我们更加详细地观察许多一般的和具体的问题。毫无疑问，金属镜就属于这类器物。正因如此，这种器物一直以来都受到专家们的关注，它们反映了欧亚大陆不同区域古代和中世纪民族文化的特征。在大多数情况下，人们把分析埋葬习俗之后所认识的文化传统作为解释的基础，而正是在这个祭祀活动的组成部分，金属镜才突出地表现了它们的特殊意义。

在我国的历史文献中，关于铁器时代早期游牧民族（主要是萨尔马特文化圈的文化）的与金属镜有关的世界观已有十分详尽的研究。A. M. 哈赞诺夫（1964）特别注意了金属镜在游牧民族生活中的特殊意义。他指出，在萨尔马特墓葬，这种器物最为常见，它们不仅出现在妇女们的墓葬中，而且出现在男人们的墓葬中，甚至出现在孩子们的墓葬中。对于理解它们在游牧民族的祭祀活动中的作用的一个重要现象就是人们故意破坏铜镜（Хазанов，1964，c. 91）。A. M. 哈赞诺夫（1964，c. 95）在广泛收集了萨尔马特人关于铜镜魔力的思想观念之后，提出这些器物的碎片的根本意义在于给所有者（即死者）以新的地位。除此之外，他还指出，故意破坏金属镜的传统存在于不同民族的埋葬习俗中，而且一直延续到中世纪早期。从这个时期开始，研究者认为，这种器物的保护功能更加清楚地表现出来，人们广泛使用铜镜残片作为辟邪物和护身符。

Б. A. 利特温斯基（1964；1978，c. 105 – 109）研究了一些文化在祭祀活动中故意破坏金属镜的传统，在很多方面得出了类似的结论。他指出，根据许多民族的观念，这些器物体现了死者的灵魂，相应地，它们的碎片象征着人的死亡（Литвинский，

1964，с. 100）。除此之外，他还提供了故意破坏金属镜的传统之所以广泛流行的其他原因，并特别注意到铜镜的另外一半可能留给活着的亲属或者配偶使用。Б. А. 利特温斯基也没有排除故意造成的铜镜碎片可能是为了防止死者的灵魂出现在生者中间。

我们注意到，А. М. 哈赞诺夫和 Б. А. 利特温斯基的结论建立在相当丰富的考古学、民族学、民俗学资料的基础之上，并广泛收集了欧亚大陆不同民族的传统观念。Т. М. 库兹涅佐娃（1988）作了更为细致的研究，她分析了四处保存完整的萨尔马特墓地的发掘资料。有趣的是，她认为人们故意破坏金属镜是出于一个非常实际的目的，就是留下部分器物让人继续使用，和魔力观念无关（Кузнецова，1988，с. 56 – 57）。魔力观念可能只有当铜镜正面受到破坏的时候才会存在（Кузнецова，1988，с. 59）。研究者让我们注意到，这些器物并不多见，而且大多出现于女性墓葬。Т. М. 库兹涅佐娃（1988，с. 54）认为这种现象可能反映了萨尔马特社会的分化和死者的某种地位，而后者的随葬品就包括金属镜。

这种器物的社会意义问题与祭司墓葬的识别不无关系。与崇拜活动有关的妇女墓葬的主要特征，传统上认为是石质香炉（Кадырбаев，Курманкулов，1978，с. 66；Прохорова，Гугуев，1988，с. 47；и др.）。除此之外，几乎所有这样的墓葬都随葬有"丰富"的器物，其中包括金属镜（Троицкая，Бородовский，1994，с. 38）。

在研究斯基泰—塞克时期金属镜在塔加尔文化居民的思想观念中的地位时，许多专家提出了有意思的看法。Н. Л. 奇连诺娃（1967，с. 91 – 92）根据她手中掌握的人类学鉴定资料，发现这些器物大部分出现在男人的墓葬中。她总结了墓葬中金属镜的摆放位置的规律，从而提出这些器物原来可能先用皮带穿过桥形钮，然后把它挂在腰部。А. И. 马尔滕诺夫（1974）表达了一些不同的观点。在一篇专门的文章中，他指出，几乎所有的塔加尔墓葬都随葬金属镜——不管是男性墓葬，还是女性墓葬，而且他们可能佩戴在胸前（Мартынов，1974，с. 3 – 4）。这些广泛流传的器物在墓葬中往往出现在腹部，以及胸前或者靠近肩膀的地方（Мартынов，1979，с. 54，131）。除此之外，他认为，铜镜属于圣火祭祀的一部分，具有宗教或神秘的力量（Мартынов，1974，с. 5 – 6；1979）。关于塔加尔文化居民埋葬习俗中铜镜所起的具体作用的分析也见于М. Е. 布洛欣纳和 С. А. 科瓦列夫斯基的著作（2006）。作者们引用了具体的统计数据，因而得以客观地研究所存在的传统。研究者指出，几乎在所有的情况下，金属镜都发现于男性墓葬。器物主要放置在死者的腰部，这种现象支持了前面介绍的 Н. Л. 奇连诺娃的观点（Блохина，Ковалевский，2006，с. 88）。

研究者对远东地区各民族的有关铜镜的神奇特性的传统观念给予了一定的关注，其中首先要关注的是中国的居民。著名的东方学家 Л. С. 瓦西里耶夫（2001，с. 257）指出，这种器物在道教的护身符和咒语崇拜中起着重要的作用。它们的主要意义在于铜镜背面图案的象征意义，它们为铜镜所有者带来上天力量的保佑，后者可以体现在这种器物不受邪恶魔鬼危害的性质上。许多研究者都认为，铜镜的这种意义相当普遍地出现在许多古代和传统社会中（Ожередов，Плетнева，Масумото，2008，с.155）。中国古代和中世纪居民关于铜镜的这种特性的观念，也反映在它们的埋葬习俗中（Стратанович，1961，с.47；Хазанов，1964，с.90；Филиппова，2000，с.106），但是这个问题，根据Г. Г. 斯特拉坦诺维奇提供的资料（1961，с.66），属于研究最为薄弱的一个问题。

上述的道教思想渗透到许多与中国有联系的社会中。比如，Э. В. 沙夫库诺夫（1981，с.108-109）发现阿穆尔河（我国称黑龙江——译者注）流域女真族有相似的观念。除了履行某些魔力功能之外，金属镜属于物质文化中的奢侈品，并且许多特征表明它们的所有者属于社会的富裕阶层（Шавкунов，Конькова，Хорев，1987，с.93）。

学术界也存在其他一些看法，认为在中世纪的许多社会中，金属镜在日常生活和祭祀仪式中的使用继续带有某些特殊意义。根据Л. М. 普列特涅娃的观察（2008，с.258），公元2千纪上半叶在鄂毕河流域托木斯克段居民的埋葬习俗中，这种器物属于男性武士的随葬品，而这些男性武士属于社会的贵族阶层。铜镜放在死者的腰部，根据研究者的看法，这说明死者在世时把它装在腰间的外套囊里。根据А. М. 伊柳申的资料，这种器物在库兹涅茨克盆地中世纪居民的精神文化中占有特殊的地位。金属镜残片的普及，上面有时打专门的孔，在作者看来，说明它们具有辟邪物或护身符的功能（Илюшин，2008，с.44）。值得注意的是，在中世纪中期，金属镜出现在窖藏中，成为供奉"神灵"的礼物（Плотников，1987，с.122；Худяков，1990）。

在研究了古代末期和中世纪的阿尔泰社会关于金属镜地位的思想观念之后，研究者发现，它们与欧亚大陆其他许多民族的思想观念十分接近。

В. А. 莫吉利尼科夫专门研究了斯基泰—塞克时期鄂毕河上游的遗址，并对金属镜的解释问题给予了一定的关注。根据作者的观察（Могильников，1997，с.80），这些器物不仅是日常生活用品，而且是祭祀用品，因为它们在墓葬中与石龛和白垩块一起出土。作者强调，这种器物出现在妇女的墓葬，说明所有者生前拥有较高的社会地位。此外，另外一些葬俗特征使В. А. 莫吉利尼科夫（1997，с.90-91，102）推测，在这座墓葬我们见到的是一位女祭司。

关于这种器物可能属于祭祀女祭司的问题，П. И. 舒利加在他的著作中也有探讨。作者同意，随葬有金属镜和石龛的女性墓葬应该为祭司墓葬（Шульга，2003，с.94-95；Уманский，Шамшин，Шульга，2005，с.32-33）。作者就所谓的东方金属镜或拨浪鼓背面的图案发表了自己的看法（Шульга，2003，с.95-101）。他指出这种器物只见于贵族的墓葬（Шульга，Уманский，Могильников，2009，с. 178）。尽管没有展开讨论，П. И. 舒利加指出，在斯基泰—塞克时期的卡缅卡文化的埋葬习俗中，金属镜、石凫和纺轮一起构成了一套祭祀器物（Шульга，Уманский，Могильников，2009，с. 177）。

有关早期铁器时代戈尔诺—阿尔泰居民的埋葬习俗中使用金属镜的方式的一些看法见于 Ю. С. 胡佳科夫的文章（1998，2001）。我们看到，作者认为这种器物放在死者的头部，可能具有某种直接的实用功能（Худяков，2001，с. 96）。有些铜镜也可能作为辟邪物来使用（Худяков，1998，с. 137；2001，с. 138）。根据作者的上述看法，戈尔诺—阿尔泰的游牧民族的观念发生了一种变化。如果在斯基泰—塞克时期，这种器物是所有游牧民族的日常生活用品，不论其性别和年龄，那么在"匈奴—萨尔马特"时期，它们就只见于女性墓葬了（Худяков，1998，с. 141）。

关于金属镜在巴泽雷克社会游牧民族的精神文化中的地位问题，В. Д. 库巴列夫在他的一篇论文中专门作了讨论。作者指出，它们的埋葬习俗的特点之一就是这种器物或者祭祀用明器不仅仅提供给女性，而且提供给男性和儿童（Кубарев，2002，с. 75）。他特别注意了金属镜背面的线雕，发现它们加强了这类器物的保护功能（Кубарев，2002，с. 71）。关于这类器物上的兽纹的解释问题，Д. В. 切列米辛在他的专著（2008，с. 59－64）中用一章作了讨论。作者认为，这种铜镜在死者"通向"死亡世界的仪式中起着非常重要的作用，它们实际成了巴泽雷克文化的许多部族的埋葬习俗中不可缺少的部分（Черемисин，2008，с. 62）。

上面简要介绍了一些有关欧亚大陆不同民族的金属镜传统用法的研究成果。这些成果远远不是现有成果的全部，不过它们充分说明了，研究者大多满足于宏观的观察，发现最明显的无可争议的规律。很少有人全方位地分析铜镜的使用传统，既不考虑埋葬或祭祀仪式的所有方面，也不考虑各种资料与民族文化在具体环境中的特殊性，更不利用其他资料。此外，我们看到，几乎所有的研究都是关于金属镜在早期铁器时代游牧民族观念中的地位问题。分析中世纪遗址的研究非常少，并且几乎所有的研究仅仅讨论了上述课题的部分问题。

我们将用一些方式来添补这个空白，分析金属镜在中亚地区西北各区域的中世纪早期游牧民族的埋葬习俗中的作用。上述研究方向的部分结论，本书的作者们以前曾发表过（Серегин，2007；2008；Тишкин，Серегин，2009），但是这里的阐述将更为完整，更为准确。

在进行本项研究时，我们收集了阿尔泰（11 件）、图瓦（6 件）和蒙古（2 件）的突厥墓地发掘出土的金属镜。同时还收集了阿尔泰森林草原区和东哈萨克斯坦游牧民族的冢墓资料——斯罗斯特卡文化（15 件）和基马克文化（6 件）。除此之外，已知的还有 3 块金属镜残片（Масумото，1993；Белоусов，2000；Тишкин，Серегин，2009，фото 11 – 12），但是这些器物我们没有研究，因为它们提供的信息不完整。我们研究的只是墓葬出土的器物，因为它们可以解决一些补充问题。最后我们一共收集了 40 件器物，其中 13 件是完整的，其余的为残片。

要理解金属镜在中世纪早期游牧民族社会的普及性，我们就不能不将其视之为游牧民族埋葬或祭祀仪式的一个部分。显然，这个课题的研究十分有前景，因为只有这样，我们才能解释游牧民族对于铜镜的观念。

埋葬仪式的一部分，也就是器物摆放位置，毫无疑问，这并不是随意的。研究墓葬之后，我们发现器物在死者生前曾被使用，同时具有一些其他的特征，与死者生前的地位、死亡状况等有关。关于这个问题的资料主要来自于那些没有遭受破坏的墓葬。在分析中世纪早期墓地的发掘材料时，我们发现了一些规律，反映了游牧民族的墓葬中铜镜与其他陪葬物品一起放置的传统。

在突厥文化的游牧民族墓葬中，几乎所有的铜镜都放在死者的头部（Евтюхова，1957，с. 209，рис. 2；Грач，1958，с. 21，рис. 3；Савинов，1994，с. 118，рис. 102；Длужневская，2000，с. 180；Кубарев，2005，с. 376，табл. 94）。在三座墓葬中，这种器物放在人的腰部（Овчинникова，2004，с. 102）、脚旁（Савинов，1982，с. 110）和马骨架上（Кубарев，2005，с. 371，табл. 44）。金属镜残片则表现出另一种规律。在能够确定准确位置的墓葬中，它们主要放置在死者的腰部（Грач，1960，с. 121；1968，с. 106，рис. 48；Савинов，1982，с. 111）。在一座墓葬中，它放在死者的头部，而且这座墓葬中放了两块金属镜残片（Вайнштейн，1958，с. 218）。

因此，在突厥文化游牧民族的埋葬仪式中，就金属镜与其他随葬品的摆放位置，我们可以分出两种主要的习惯——死者的头部或者腰部。要解释这种规律性，我们可以从日常生活中使用的角度，或者从游牧民族的世界观角度。铜镜之所以放在死者的腰部，大概是因为他们将其装在腰部的外套囊中。我们当然不能排除器物残片直接挂在了腰部（Руденко，2004，с. 126）。意义不太明确的是它们时常放置在死者的头部。这种规律或许是因为铜镜的直接使用功能，这样死者可以“照”自己（Худяков，2001，с. 95，98）。其他的解释应当在与该身体部位有关的某些观念中寻找。人们对头部的特殊态度从古代就有了（Медникова，2004，с. 40），有着各种各样的表现形式。或许南西伯利亚中世纪时期许多墓葬所见的埋葬习俗的特殊要素，也可以从这个角度来解释（Молодин，Новиков，Соловьев，2003，с. 78 – 79）。但不应该排除装有铜镜或者铜镜残片的囊作为礼物放在死者头部的情况。

在研究斯罗斯特卡文化和基马克文化的遗址时，我们发现了一些其他的传统。首先，我们注意到几乎完全没有见到完整的铜镜。但是，从种种迹象来看，这大概与其说是因为埋葬仪式的特殊需要，不如说是因为远离主要手工业中心和重要商路而导致进口器物的困难。同时我们也见到一些现象，说明游牧民族是故意弄碎金属镜的（Могильников，1996，рис.1. -1）。在这种器物的摆放位置上，最常见的传统习惯是将其放置在死者的胸部或者腰部。在许多残片上还有专门的孔（Ахинжанов и др.，1987，рис.66. - 13，14；113. - 8；Горбунов，1992，рис.1. - 3；Абдулганеев，Егоров，1995，рис.2. - 8；Неверов，Горбунов，1996，рис.5. - 5；Арсланова，1998，рис.1. - 26；Горбунов，Тишкин，2001，рис.1. -25；Могильников，2002，рис.68. -3）。这间接地证明了金属镜残片作为挂饰或者辟邪物使用的可能性。在阿尔泰森林草原区的游牧民族墓葬中，这种器物发现于死者头部的情况只有两例（Неверов，1990，c.113；Грушин，2005，c.134），它与突厥文化墓葬中最常见的一种放置方式相同。

在解释上述现象时，中国居民在埋葬习俗中如何使用金属镜的信息可能对其有一定帮助。这是因为中亚地区西北各区域游牧民族遗址出土的铜镜大部分来自于这个地区。在中国古代和中世纪的墓葬中，这种器物经常见于随葬品（Масумото，2005，c.302）。在有些情况下，铜镜的反射面放在死者的胸口，人们认为这能使其免受鬼灵的伤害（Хазанов，1964，c.90；Филиппова，2000，c.106）。除此之外，在中国社会中，还有把铜镜挂在床头的习惯，目的是为了赶走妖怪（Маракуев，1947，c.169）。人们自然会问中国社会的文化传统渗透到游牧民族的程度问题。一方面，显而易见的是，游牧民族和中国居民的世界观有着根本的差别，复杂的政治关系也加深了这种差别。与此同时，游牧民族的社会上层与中国外交官、商人和官吏经常接触，它们不会不留下痕迹。中国铜镜一些图案的题材完全可能被游牧民族吸收或者重新诠释了。我们不无根据推测，游牧民族为了仿造而选择了带有几种他们更容易懂的图案的铜镜类型（Лубо - Лесниченко，1975，c.23）。在中世纪早期，仿造可以通过简化唐朝铜镜的图案来完成，而后者也已经变得不那么正统，并且对于非中国民族而言变得更加通俗易懂了（Масумото，2005，c.301）。因此，我们可以通过观察墓葬中铜镜的摆放传统来研究游牧民族的思想观念。我们要补充的是，游牧民族的社会上层吸收中国居民埋葬习俗的某些部分的事实，已经得到了"匈奴—萨尔马特"和突厥时期游牧民族的墓葬和祭祀仪式资料的支持（Худяков，2002，c.148；Филиппова，2005，c.19）。

另一方面，上述有关铜镜在墓葬中的摆放位置的规律见于欧亚大陆草原地带铁器时代早期和中世纪的许多游牧民族文化中。关于这种现象，上面的历史回顾已经罗列了一部分。上述传统习惯的相似性，可以解释为与金属镜使用有关的观念的普遍存在。但是，这些观念即使简单的复原也存在相当大的困难。举例而言，研究铜镜在中亚中世纪早期游牧民族的礼仪传统中的地位，人们主要依赖于考古学。除了少有的例外（Арсланова，Кляшторный，1973，c.313），缺乏文字资料的记载。这种器物上具有一定宗教意义的间接资料，就是某些器物上的简短的如尼文题记（Арсланова，Кляшторный，1973，табл. II；Кляшторный，Лубо－Лесниченко，1974；Васильев，1983，c. 37－39；Кляшторный，2006，c. 177－182）。С. Г. 克利亚什托尔内认为（1973，c. 313－315；1974，c. 47；2006，c. 179－181），其中一些反映了佛教对中亚不同区域的游牧民族文化的影响。与此同时，公元前 1 千纪下半叶遗址的发掘资料中没有这样可靠的资料。所以，与中世纪早期祭祀器物的识别并从该角度解释与金属镜有关的种种问题，仍然没有解决。

我们有很大的把握肯定，金属镜反映了死者拥有一定的社会地位。让我们稍微展开讨论这个问题。

一种器物——包括金属镜在内——的社会意义，不可能凭直觉或者仅仅根据器物出现的频率来确定。主要的因素有以下几点：

1）器物的物质价值；

2）器物的象征意义；

3）器物在墓葬中的分布规律和一类器物的分布特点；

4）中世纪早期中亚地区的游牧社会的发展总趋势（"奢侈品"经济，商贸联系的方向等等）。

所以，综合考虑各种特征，并吸收补充史料和资料是必不可少的条件。运用这种方法来研究中世纪早期突厥社会历史时，让我们获得了大量的关于金属镜意义的信息。上述方向的研究结论，要建立在系统分析墓葬资料的基础上，并用文献资料加以补充。

对于中世纪早期中亚游牧民族而言，金属镜的物质价值在于它们大多为进口的器物。我们有理由推测，对于距离中国遥远的地区而言，进口尤其重要。从中国获得进口器物的困难不仅在于运输，而且在于游牧民族同南部邻国关系的不稳定。从种种迹象来看，中国器物主要为中世纪早期游牧民族的社会上层所获得。根据 Н. Н. 克拉金的看法（2002，c. 73），获得和重新分配中国商品以及军事远征时期所获得的战利品是可汗的重要职责之一。金属镜很少发现于墓葬证实了它们的价值。另外，在出土这些器物的墓葬中，在绝大多数情况下都出土了其他"奢侈"器物，其中一部分也属于进口器物（珠宝、漆器、钱币、绸缎等）。这个事实也体现了金属镜的价值。

一个重要的现象是，金属镜在南西伯利亚和蒙古的突厥文化中只发现于女性墓葬。我们知道的唯一例外是在图瓦蒙贡－泰加墓地的一座墓葬（Грач，1958）。根据著名考古学家 В. П. 阿列克谢耶夫的鉴定，死者为男性（1960，табл. 3）。同时，根据他的口头叙述，这位死者由于颅骨保存不好，鉴定可能有误（Нестеров，1999，c. 95）。不过，这座墓葬同时出土了镞和锛，亦可证明墓主为男性。在其他所有墓葬中，随葬有铜镜的墓葬都属于女性，已有的人类学鉴定也予以支持（Гаврилова，1965，c. 61；Поздняков，2006，табл. II，IV；и др.）。

应当承认，关于女性在中亚中世纪早期的游牧民族社会中的地位问题研究还很零星。近年来出现了一些著作，涉及了这个问题的各个方面。总之，研究了南西伯利亚和蒙古突厥文化墓葬的发掘资料之后，人们得出了女性在游牧民族社会中地位相当高的结论（Третьякова，2000，с. 55；Белинская，2009，с. 11）。文献史料提供了一些补充信息，反映了女性在中世纪早期的游牧民族社会中的地位。

突厥古文和中国朝代编年史所提供的史料，肯定了学术界关于游牧社会的性别问题的传统看法：女性的主要职责是管理家务和教育孩子。与此同时，中世纪早期史家提供的某些信息让我们推测，女性在突厥社会中占有非常高的地位，可以履行更加广泛的职责。当然，史料中描述的主要是游牧民族社会的上层。不过，突厥历史学家萨德里—马克苏季—阿尔萨拉（2002，с. 276）的观察是完全有道理的。他认为，女性的地位在许多社会中体现在各个民族的统治者的妻子身上。

中国编年史记载，突厥统治者的妻子参加"军事事业"（Лю Маоцай，2002，с. 40）。从种种迹象来看，妻子在丈夫死后及继任的儿子的幼年时期，权力是非常大的（Бичурин，1950，с. 277）。中国各朝代的编年史，由于十分合理的理由，经常描述中国"公主"嫁给突厥统治者之后参加政治活动的情况（Бичурин，1950，с. 240 – 241，247；Лю Маоцай，2002，с. 64；и др.）。尤其有意思的是，史料还记载了女性履行祭祀功能的情况。在描写中世纪早期突厥的风俗时，中国的史家们指出，"他们敬仰上天和神灵，并信仰驱邪除鬼的巫师"（Лю Маоцай，2002，с. 23）。在突厥政治活动家安禄山的传记中，这样描述他的母亲（阿史德氏，丈夫早死，后改嫁突厥人——译者注），"巫也"，"以卜为业"（Лю Маоцай，2002，с. 97）。史料还特别提到，女性祈求战神保佑儿子（Лю Маоцай，2002，с. 99）。许多状况使得我们难以复原中世纪早期中亚突厥人的祭祀活动，需要进行专门的研究（Дашковский，2009，с. 67 – 68）。不过从上述史料可以看出，宗教活动不仅由男性来进行，而且还有女性。

文献和考古资料说明，在中亚中世纪早期的突厥社会中，女性享有相当高的地位。"上层"女性墓葬的发掘资料也说明了这一点。我们可以确定，体现她们社会地位的标志之一就是金属镜（Евтюхова，1957；Савинов，1994；Длужневская，2000；и др.）。

因此，我们有理由肯定，在相当长的时期内，金属镜在欧亚大陆不同地区的游牧民族的思想观念中具有很大的意义。进一步研究这类器物在古代和中世纪具体社会的世界观中的作用，将有助于发现游牧社会精神生活中的具体趋向和一般趋向。

结　语

　　本书收录了保存在阿尔泰国立大学阿尔泰考古学与民族学博物馆收藏的 34 面铜镜和相关资料。遗憾的是，由于客观原因，并不是所有的铜镜都可以收录到图录中并进行分析。但是就大部分器物而言，我们都作了各个角度的研究。上述关于博物馆一类器物的系统整理及研究，让我们看到了沿着这一研究方向继续工作的前景。这可能不仅涉及金属镜，还涉及现存的其他各种文物。我们建议的出版方式主要满足了研究者和博物馆工作人员对详细参考著作的需求。除此之外，重要的还有另一方面。人们对阿尔泰地区的兴趣逐年在增长，许多人不仅仅被边疆区独特的惊奇的自然风光所吸引，而且被广大区域的历史文化遗产所吸引，考古学家积累的丰富知识成为旅行观光活动的一部分。更为重要的是将它们贯彻到教育中，贯彻到中学和高等院校的教育中。

　　需要说明的是，我们在研究阿尔泰山区和森林草原区发现的金属镜时，综合了所有资料。现有的资料基础使得我们有可能在跨学科水平上组织上述课题的研究。不同历史文化省的资料之间的对比研究也是十分有效的。为此目的，除了那些广为人知的器物，我们还到巴尔瑙尔、戈尔诺—阿尔泰、比斯克、鲁布佐夫、托木斯克、圣彼得堡、莫斯科、俄罗斯其他城市以及外国的博物馆，收集它们收藏的、尚未发表的出土器物和采集品。本书末尾所列的内容丰富的文献目录将促进这项工作的开展。

　　阿尔泰的考古发掘还在继续，这极好地补充了阿尔泰国立大学阿尔泰考古学与民族学博物馆的馆藏。遗憾的是，迄今为止将文物转交到博物馆还没有成为所有考古学家必须遵行的准则，这个主观性的现实问题需要认真讨论并采取根本措施，根据现行法律来建立秩序。除此之外，学术出版物已经屡次出版了私人收藏的古代和中世纪文物（Тишкин，2006г；Молодин，Нескоров，2010；и мн. др. ）。这些器物的来源和流向各不相同，它们当中仅仅一部分后来移交到国立博物馆，成为公共财产，其他一些消失在无名的买主手中或者落入到对其感兴趣的人们的古董收藏中。部分文物处于无人知晓的状态，专家们不知道它们的存在。甚至仿制品也出现了。公开和秘密交换的不仅有采集品，而且还有当代"盗墓贼"盗取的文物。这种情况说明古代和中世纪文物买卖市场已经形成，而这些文物对科研有着重要的意义，并构成了我国的历史文化遗产。考古学家、历史教师、地方志学家和其他文物爱好者自己收藏文物的现象也不是什么秘密。如果这种情况是因为传统法律不起作用而发生，那么，难道有关部门和机构不知道正在发生的这些现象，不知道它们的后果？到目前为止，政府还没有制定出一套相应措施来处理这些非法行为，也没有一个针对私人考古收藏的清晰态度。对于研究者们而言，一个重要的事情就是收集文物的所有信息，否则，学术界将会部分或者完全失去历史资料（Тишкин，2006г，c. 147）。

最后，我们再一次提请读者注意，像金属镜的使用和生产这样的人类文化的奇异现象的历史，还没有完全写出来。本书只是这个过程中的一个小小的贡献。

文献目录

Абдулганеев М. Т. Майэмирские курганы Бойтыгема//Археология Горного Алтая. Барнаул: Изд – во Алт. ун – та, 1994. С. 37 – 43.

Абдулганеев М. Т. , Горбунов В. В. , Казаков А. А. Новые могильники второй половины I тысячелетия н. э. в урочище Ближние Елбаны//Военное дело и средневековая археология Центральной Азии Кемерово: КемГУ, 1995. С. 243 – 252.

Абдулганеев М. Т. , Егоров Я. В. Новые раскопки на Ближних Елбанах//Изучение памятников археологии Алтайского края. Барнаул: Б. и. , 1995. Вып. V, ч. 2. С. 190 – 195.

Абдулганеев М. Т. , Кунгуров А. Л. Могила раннескифского времени около Барнаула// Проблемы изучения древней и средневековой истории Горного Алтая. Горно – Алтайск: ГАНИИИЯЛ, 1990. С. 97 – 104.

Абдулганеев М. Т. , Кунгуров А. Л. , Фролов Я. В. Староалейская культура// Проблемы изучения культурно – исторического наследия Алтая. Горно – Алтайск: АКИН, 1994. С. 52 – 55.

Авилова Л. И. Металл Ближнего Востока: модели производства в энеолите, раннем и среднем бронзовом веке. М. : Памятники исторической мысли, 2008. 227с. : ил.

Адамов А. А. Новосибирское Приобье в X – XIV вв. Тобольск; Омск: Изд – во ОмГПУ, 2000. 256с.

Алексеев В. П. Материалы к палеоантропологии Западной Тувы//Труды Тувинской комплексной археолого – этнографической экспедиции. Т. I: Материалы по археологии и этнографии Западной Тувы. М. ; Л. : Изд – во АН СССР, 1960. С. 284 – 312.

Арсланова Ф. Х. Женские погребения IX – X вв. с бусами из Казахстанского Прииртышья//Вопросы археологии Казахстана. Алматы; М. : Гылым, 1998. Вып. 2. С. 97 – 110.

Арсланова Ф. Х. , Кляшторный С. Г. Руническая надпись на зеркале из Верхнего Прииртышья//Тюркологический сборник. 1972. М. : Наука, 1973. С. 306 – 315.

Ахинжанов С. М. , Ермолаева А. С. , Максимова А. Г. , Самашев З. С. , Таймагамбетов

Ж. К., Трифонов Ю. И. Археологические памятники в зоне затопления Шульбинской ГЭС. Алма – Ата: Наука, 1987. 279с.

Байпаков К. М., Терновая Г. А. Группа зеркал с городища Красная Речка и случайная находка из Текели//Новые исследования по археологии Казахстана: тр. науч. – практ. конф. 《Маргулановские чтения – 15》. Алматы: Ин – т археологии им. А. Х. Маргулана, 2004. С. 116 – 124.

Белинская К. Ы. Изучение гендерных отношений и женской субкультуры древних тюрок Горного Алтая (по памятникам археологии) //Мир Евразии. 2009. No. 4 (7). С. 6 – 11.

Белоусов Р. В. Новые находки с урочища Раздумье//Сохранение и изучение культурного наследия Алтая. Барнаул: Изд – во Алт. ун – та, 2000. Вып. XI. С. 191 – 194.

Бичурин Н. Я. Собрание сведений о народах, обитавших в Средней Азиив древние времена. М.; Л.: Изд – во АН СССР, 1950. Т. 1. 380с.

Блохина М. Е., Ковалевский С. А. К вопросу о семантике тагарских бронзовых зеркал//Археология, этнология, палеоэкология Северной Евразии и сопредельных территорий. Красноярск: КГПУ, 2006. Т. 1. С. 87 – 90.

Бобров Л. А., Худяков Ю. С. Вооружение и тактика кочевников Цетральной Азии и Южной Сибири в эпоху позднего Средневековья и раннего Нового времени (XV—первая половина XVIIIв.). СПб.: Изд – во Филол. ф – та СПбГУ, 2008. 776с.: ил. (Historia Militaris).

Богданова – Березовская И. В. К вопросу о химическом составе зеркал Минусинской котловины//Лубо – Лесниченко Е. И. Привозные зеркала Минусинской котловины: К вопросу о внешних связях древнего населения Южной Сибири. М.: Наука, 1975. С. 131 – 149.

Большая советская энциклопедия: в 30 т. 3 – е изд. М: Сов. Энциклопедия, 1972. Т. 9. 622с.

Бородовская Е. Л. Погребение с полихромными стеклянными бусами эпохи эллинизма на Нижней Катуни//Вестник Новосибирского государственного университета. Сер.: История, филология. Т. 8, вып. 3: Археология и этнография. 2009. С. 160 – 167.

Вайнштейн С. И. Некоторые итоги работ археологической экспедиции Тувинского НИИЯЛИ в 1956 – 1957 гг. // Ученые записки ТНИИЯЛИ. Кызыл: Б. и., 1958. Вып. VI. С. 217 – 237.

Варенов А. В. Древнейшие зеркала Китая, отражающие этнокультурные контакты// Проблемы древних культур Сибири. Новосибирск: Наука, 1985. С. 163 – 172.

Васильев Д. Д. Корпус тюркских рунических памятников бассейна Енисея. Л. : Наука，1983. 126с.

Васильев Л. С. Культы，религии и традиции в Китае. М. : Восточная литература，2001. 488с.

Васильков Я. В. Древнейшие индийские зеркала из скифо － сарматских курганов Алтая и Южного Приуралья//Степи Евразии в древности и средневековье. СПб. : Изд － во Гос. Эрмитажа，2002. С. 28 － 33.

Васильков Я. В. Семантика изображений на индийских 《зеркалах － погремушках》 из погребений Алта и Урала скифо － сарматского времени//Комплексные исследования древних и традиционных обществ Евразии. Барнаул: Изд － во Алт. ун － та, 2004. С. 283 － 288.

Вишневская О. А. Культура сакских племен низовьев Сырдарьи в VII － V вв. до н. э. М. : Наука，1973. 160с. : ил.

Гаврилова А. А. Могильник Кудыргэ как источник по истории алтайских племен. М. ; Л. : Наука，1965. 146с.

Горбунов В. В. Погребение IX － X вв. на р. Чумыш//Проблемы сохранения, использования и изучения памятников археологии Алтая. Горно － Алтайск: Б. и.，1992. С. 86 － 87.

Горбунов В. В. Военное дело населения Алтая в III － XIV вв. Ч. II: Наступательное вооружение (оружие). Барнаул: Изд － во Алт. ун － та，2006. 232с.

Горбунов В. В. 25 лет со времени основания Музея археологии и этнографии Алтая Алтайского государственного университета//Алтайский край，2010 г. : календарь знаменательных и памятных дат. Барнаул: ПринтЭкспресс，2009. С. 28 － 30.

Горбунов В. В. ，Тишкин А. А. Продолжение исследований курганов сросткинской культуры на Приобском плато//Проблемы археологии этнографии и антропологии Сибири и сопредельных территорий. Новосибирск: Изд － во Ин － та археологии и этнографии СО РАН，2001. Т. VII. С. 281 － 287.

Горбунов В. В. ，Чудилин И. А. Новая экспозиция музея археологии Алтая Алтайского государственного университета: возможности и перспективы использования в культурно － образовательной деятельности//Культурное наследие Сибири. Барнаул: Изд － во Алт. ун － та，2000. Вып. 2. С. 113 － 117.

Горбунова Т. Г. ，Тишкин А. А. Методика системного изучения археологических источников//Теория и практика археологических исследований. Барнаул: Изд － во Алт. ун －

та，2005. Вып. 1. С. 11 – 18.

Горбунова Т. Г. , Тишкин А. А. , Хаврин С. В. Средневековые украшения конского снаряжения на Алтае：морфологический анализ，технологии изготовления，состав сплавов. Барнаул：Азбука，2009. 144с.：ил.

Грач А. Д. Древнетюркское погребение с зеркалом Цинь – вана в Туве//СЭ. 1958. No. 4. С. 18 – 34.

Грач А. Д. Археологические исследования в Кара – Холе и Монгун – Тайге（полевой сезон 1958 г. ）//Труды Тувинской комплексной археолого – этнографической экспедиции：Материалы по археологии и этнографии Западной Тувы. М. ；Л. ：Изд – во АН СССР，1960. Т. I. С. 73 – 150.

Грач А. Д. Древнетюркские курганы на юге Тувы//КСИА. М. , 1968. Вып. 114. С. 105 – 111.

Грушин С. П. Китайское зеркало из северо – западных предгорий Алтая//Интеграция археологических и этнографических исследований. Омск：Издательский дом《Наука》，2005. С. 134 – 137.

Грушин С. П. , Папин Д. В. , Позднякова О. А. , Тюрина Е. А. , Федорук А. С. , Хаврин С. В. Алтай в системе металлургических провинций энеолита и бронзового века. Барнаул：Изд – во Алт. ун – та，2009. 160с. ：ил. + 4с. цв. вкл.

Грушин С. П. , Тишкин А. А. Погребальные комплексы эпохи раннего железа и средневековья северо – западных предгорий Алтая//Проблемы археологии，этнографии，антропологии Сибири и сопредельных территорий. Новосибирск：Изд – во Ин – та археологии и этнографии СО РАН，2004. Т. X，ч. 1. С. 239 – 243.

Грязнов М. П. Памятники майэмирского этапа эпохи ранних кочевников на Алтае//КСИИМК. М. ；Л. , 1947. Вып. 18. С. 9 – 17.

Грязнов М. П. Археологические исследования территории одного древнегопоселка （раскопки Северо – алтайской экспедиции в 1949 г. ）//КСИИМК. М. , 1951. Вып. X L. С. 105 – 113.

Грязнов М. П. История древних племен Верхней Оби по раскопкам близс. Большая Речка. М. ；Л. ：Изд – во АН СССР，1956. 161с. + LXII табл. （Материалы и исследования по археологии СССР；No. 48）.

Грязнов М. П. , Комарова М. Н. , Лазаретов И. П. , Поляков А. В. , Пшеницына М. Н. Могильник Кюргеннер эпохи поздней бронзы Среднего Енисея. СПб. ：Петербургское Востоковедение，2010. 200с. (Archaeologica Petropolitana；Труды ИИМК РАН. Т. XXXI).

ДавыдоваА. В. Иволгинский комплекс（городище и могильник）—памятник хунну в Забайкалье. Л.：Изд – во ЛГУ，1985. 111с.

Давыдова А. В. Иволгинский археологический комплекс. Т. Ⅰ：Иволгинское городище. СПб.：Б. и.，1995. 94с. + 9 рис，188 табл.

Дашковский П. К. Служители культа у тюрок Центральной Азии в эпоху средневековья//Известия Алтайского государственного университета. Сер.：История，политология. 2009. Вып. 4/1（64）. С. 65 – 71.

Дашковский П. К.，Тишкин А. А. Ханкаринский Дол—памятник пазырыкской культуры в Северо – Западном Алтае//Современные проблемы археологии России. Новосибирск：Изд – во Ин – та археологии и этнографии СО РАН，2006. Т. Ⅱ. С. 20 – 22.

Дашковский П. К.，Тишкин А. А. Новые результаты рентгенофлюоресцентного анализа некоторых металлических изделий пазырыкской культуры из могильника Ханкаринский дол//Роль естественно – научных методов в археологических исследованиях. Барнаул：Изд – во Алт. ун – та，2009. С. 268 – 271.

Дашковский П. К.，Тишкин А. А.，Тур С. С. Вторичные погребения в курганах скифского времени на памятнике Ханкаринский дол//Западная и Южная Сибирь в древности. Барнаул：Изд – во Алт. ун – та，2005а. С. 62 – 68.

Дашковский П. К.，Тишкин А. А.，Тур С. С. Памятник пазырыкской культуры Ханкаринский дол в Алтайском крае//Проблемы археологии，этнографии，антропологии Сибири и сопредельных территорий. Новосибирск：Изд – во Ин – та археологии и этнографии СО РАН，2005б. Т. ⅩⅠ，ч. Ⅰ. С. 294 – 296.

Дашковский П. К.，Тишкин А. А.，Тур С. С. Раскопки курганов на памятнике Ханкаринский дол в Краснощековском районе Алтайского края//Сохранение и изучение культурного наследия Алтая. Барнаул：Изд – во Алт. ун – та，2007. Вып. ⅩⅥ. С. 122 – 127.

Дашковский П. К.，Тишкин А. А.，Хаврин С. В. Результаты спектрального анализа металлических изделий из могильника пазырыкской культуры Ханкаринский дол（Северо – Западный Алтай）//Алтае – Саянская горная страна и история освоения ее кочевниками. Барнаул：Изд – во Алт. ун – та，2007. С. 202 – 206.

Длужневская Г. В. Комплекс древнетюркского времени на могильнике Улуг – Бюк – Ⅳ//Памятники древнетюркской культуры в Саяно – Алтае и Центральной Азии. Новосибирск：НГУ，2000. С. 178 – 188.

Евразия в скифскую эпоху：радиоуглеродная и археологическая хронология / А.

Ю. Алексеев, Н. А. Боковенко, С. С. Васильев и др. СПб. : Теза, 2005. 290с. : ил.

Евтюхова Л. А. О племенах Центральной Монголии в IX в. // СА. 1957. No. 2. С. 207 – 217.

Евтюхова Л. А. , Киселев С. В. Отчет о работах Саяно – Алтайской археологической экспедиции в1935 г. // Труды ГИМ. М. , 1941. Вып. XVI. С. 75 – 117.

Завитухина М. П. Древнее искусство на Енисее: Скифское время. Публикация одной коллекции. Л. : Искусство, 1983. 192с. : ил.

Захаров А. В. Сарматское погребение в кургане 《 Крестовый 》 // Сарматы и их соседи на Дону. Ростов – на – Дону: Терра; Гефест, 2000. С. 27 – 43. （ Материалы и исследования по археологии Дона. Вып. 1 ）.

Иванов В. А. , Кригер В. А. Курганы кыпчакского времени на Южном Урале （ XII – XIV вв. ）. М. : Наука, 1988. 94с.

Иванов Г. Е. Погребение золотоордынского времени с поселения Островное – 3 // Сохранение и изучение культурного наследия Алтайского края. Барнаул: Изд – во Алт. ун – та, 1999. Вып. X. С. 148 – 151.

Иванов Г. Е. Свод памятников истории и культуры Мамонтовского района （ к 220-летиюс. Мамонтово）. Барнаул: Алт. полиграф. комбинат, 2000. 160с. : ил.

Илюшин А. М. Фрагменты зеркал как амулеты в материальной и духовнойкультуре средневековых кочевников Кузнецкой котловины // Древние и средневековые кочевники Центральной Азии. Барнаул: Азбука, 2008. С. 42 – 44.

Кадырбаев М. К. , Курманкулов Ж. К. Погребение жрицы, обнаруженное в Актюбинской области // КСИА. М. , 1978. Вып. 154. С. 65 – 70.

Киреев С. М. Китайское зеркало из могильника булан – кобинской культуры Чендек （ Горный Алтай ） // Древние и средневековые кочевники Центральной Азии. Барнаул: Азбука, 2008. С. 50 – 53.

Киреев С. М. , Кудрявцев П. И. , Вайнберг Е. В. Археологические исследования в Уймонской долине // Проблемы сохранения, использования и изучения памятников археологии Алтая. Горно – Алтайск: Б. и. , 1992. С. 59 – 61.

Кирюшин Ю. Ф. , Бородаев В. Б. Работы в лесостепной зоне Алтая // Археологические открытия 1982 года. М. : Наука, 1984. С. 204 – 206.

Кирюшин Ю. Ф. , Клюкин Г. А. Памятники неолита и бронзы Юго – Западного Алтая // Алтай в эпоху камня и раннего металла. Барнаул: Изд – во Алт. ун – та, 1985. С. 73 – 117.

Кирюшин Ю. Ф. , Кунгуров А. Л. Могильник раннего железного века Староалейка – 2//Погребальный обряд древних племен Алтая. Барнаул: Изд – во Алт. ун – та, 1996. С. 115 – 134.

Кирюшин Ю. Ф. , Кунгуров А. Л. , Тишкин А. А. , Матренин С. С. Завершение работ на погребально – поминальном комплексе Тыткескень – VI//Проблемы археологии, этнографии и антропологии Сибири и сопредельных территорий. Новосибирск: Изд – во Ин – та археологии и этнографии СО РАН, 2006. Т. XII, ч. I. С. 353 – 357.

Кирюшин Ю. Ф. , Папин Д. В. , Позднякова О. А. , Шамшин А. Б. Погребальный обряд древнего населения Кулундинской степи//Аридная зона юга Западной Сибири в эпоху бронзы. Барнаул: Изд – во Алт. ун – та, 2004. С. 62 – 85.

Кирюшин Ю. Ф. , Степанова Н. Ф. Скифская эпоха Горного Алтая. Ч. III: Погребальные комплексы скифского времени Средней Катуни. Барнаул: Изд – во Алт. ун – та, 2004. 292с.

Кирюшин Ю. Ф. , Степанова Н. Ф. , Тишкин А. А. Скифская эпоха Горного Алтая. Ч. II: Погребально – поминальные комплексы пазырыкской культуры. Барнаул: Изд – во Алт. ун – та, 2003. 234с.

Кирюшин Ю. Ф. , Тишкин А. А. Скифская эпоха Горного Алтая. Ч. I : Культура населения в раннескифское время. Барнаул: Изд – во Алт. ун – та, 1997. 232с. : ил.

Кирюшин Ю. Ф. , Тишкин А. А. , Шамшин А. Б. Археология в Алтайском университете//Археология восточноевропейской лесостепи. Вып. 16: Археология в российских университетах. Воронеж: Б. и. , 2002. С. 34 – 42.

Кирюшин Ю. Ф. , Шамшин А. Б. , Нехведавичюс Г. Л. Музей археологии Алтая как учебно – научное и культурно – просветительное подразделение Алтайского государственного университета//Культурное наследие Сибири. Барнаул: Изд – во Алт. ун – та, 1994. С. 99 – 114.

Кляшторный С. Г. Памятники древнетюркской письменности и этнокультурная история Центральной Азии. СПб. : Наука, 2006. 591с.

Кляшторный С. Г. , Лубо – Лесниченко Е. И. Бронзовое зеркало из Восточного Туркестана с рунической надписью//Сообщения ГЭ. Л. , 1974. Вып. XXXIX. С. 45 – 48.

Кляшторный С. Г. , Савинов Д. Г. Степные империи древней Евразии. СПб. : Изд – во Филол. ф – та СПбГУ, 2005. 346с.

Кубарев В. Д. Курганы Уландрыка. Новосибирск. Наука, 1987. 302с.

Кубарев В. Д. Курганы Сайлюгема. Новосибирск: Наука, 1992. 220с.

Кубарев В. Д. Древние зеркала Алтая//Археология, этнография и антропология Евразии. 2002. No. 3. С. 63 – 77.

Кубарев В. Д. , Шульга П. И. Пазырыкская культура （ курганы Чуи и Урсула）. Барнаул: Изд - во Алт. ун - та, 2007. 282с.

Кубарев Г. В. Культура древних тюрок Алтая （по материалам погребальных памятников）. Новосибирск: Изд - во Ин - та археологии и этнографии СО РАН, 2005. 400с.

Кузнецова Т. М. Зеркала в погребальном обряде сарматов//СА. 1988. No. 4. С. 52 - 61.

Кузнецова Т. М. Пути распространения 《зеркал》 скифского типа//Маргулановские чтения. Алма - Ата: Б. и. , 1989. С. 144 - 145.

Кузнецова Т. М. Три восточных зеркала//Сохранение и изучение культурного наследия Алтайского края. Барнаул: Б. и. , 1995. Вып. V , ч. 2. С. 124 - 128.

Кузнецова Т. М. Зеркала Скифии VI - III века до н. э. М. : Индрик, 2002. Т. 1. 351с. : ил.

Кузнецов С. В. , Кузнецова Т. М. Метательное оружие в сибирских древностях// Сохранение и изучение культурного наследия Алтайского края. Барнаул: Б. и. , 1995. Вып. V , ч. 1. С. 105 - 109.

Кунгуров А. Л. Памятники железного века Верхнего Причумышья （ по материалам краеведческого музеяс. Победа） //Алтайский сборник. Барнаул, 1997. Вып. XVIII. С. 221 - 240.

Кунгуров А. Л. Комплекс археологических памятников Малый Гоньбинский Кордон - V//Актуальные вопросы истории Сибири. Барнаул: Изд - во Алт. ун - та, 1998. С. 267 - 272.

Кунгуров А. Л. Погребальный комплекс раннескифского времени МГК - I в Приобье// Итоги изучения скифской эпохи Алтая и сопредельных территорий. Барнаул: Изд - во Алт. ун - та, 1999. С. 92 - 98.

Кунгуров А. Л. , Горбунов В. В. Случайные археологические находки с Верхнего Чумыша （по материалам музеяс. Победа） //Проблемы изучения древней и средневековой истории. Барнаул: Изд - во Алт. ун - та, 2001. С. 111 - 126.

Кунгуров А. Л. , Папин Д. В. Могильник - 5 археологического комплекса Малый Гоньбийский Кордон - V//Проблемы изучения древней и средневековой истории. Барнаул: Изд - во Алт. ун - та, 2001. С. 56 - 68.

Левина Л. М. , Равич И. Г. Бронзовые зеркала из джетыасарских памятников//Низовья Сырдарьи в древности. Вып. V , ч. 5: Джетыасарская культура. М. : Ин - т этнологии и антропологии, 1995. С. 122 - 184.

Литвинский Б. А. Зеркало в верованиях древних ферганцев//СЭ. 1964. No. 3. С. 97 - 104.

Литвинский Б. А. Орудия труда и утварь из могильников Западной Ферганы. М. : Наука, 1978. 216с.

Лубо – Лесниченко Е. И. Привозные зеркала Минусинской котловины: К вопросу о внешних связях древнего населения Южной Сибири. М. : Наука, 1975. 155с. + рис.

Луньков В. Ю. , Орловская Л. Б. , Кузьмины С. В. Рентгено – флуоресцентный анализ: начало исследований химического состава древнего металла//Аналитические исследования лаборатории естественно – научных методов. М. : Таус, 2009. Вып. 1. С. 84 – 110.

Лю Маоцай. Сведения о древних тюрках в средневековых китайских источниках// Бюллетень Общества востоковедов. М. : Изд – во Ин – та востоковедения РАН, 2002. 126с. (прил. 1).

Мамадаков Ю. Т. , Цыб С. В. Аварийные археологические раскопки ус. Шибе// Охрана и изучение культурного наследия Алтая. Барнаул: Изд – во Алт. ун – та, 1993. Ч. Ⅱ. С. 202 – 205.

Маракуев А. В. Китайские бронзы из Басандайки//Басандайка: сборник материалов и исследований по археологии Томской области / Труды ТГУ им. В. В. Куйбышева (том 98). Томск: ТГПИ, 1947. С. 167 – 174.

Мартынов А. И. К вопросу о культе солнца, огня и растительных сил природы у людей тагарской культуры//Известия лаборатории археологических исследований. Кемерово, 1974. Вып. 5. С. 3 – 4.

Мартынов А. И. Лесостепная тагарская культура. Новосибирск: Наука, 1979. 208с.

Масумото Т. О бронзовых зеркалах, случайно обнаруженных на Алтае//Охрана и изучение культурного наследия Алтая. Барнаул: Изд – во Алт. ун – та, 1993. Ч. Ⅱ. С. 248 – 251.

Масумото Т. Китайские бронзовые зеркала (семиотический аспект) //Структурно – семиотические исследования в археологии. Донецк: ДонНУ, 2005. Т. 2. С. 295 – 304.

Медникова М. Б. Трепанации в древнем мире и культ головы. М. : Алетейа, 2004. 208с.

Мерц В. К. , Тишкин А. А. Погребение монгольского времени на берегу р. Шидерты в Казахстане//Сохранение и изучение культурного наследия Алтая. Барнаул: Изд – во Алт. ун – та, 2000. С. 238 – 242.

Могильников В. А. Некоторые аспекты этнокультурного развития Горного Алтая в раннем железном веке//Материалы по археологии Горного Алтая. Горно – Алтайск: ГАНИИИЯЛ, 1986. С. 35 – 67.

Могильников В. А. Находка китайского зеркала в Кулундинской степи//Сохранение и изучение культурного наследия Алтайского края. Барнаул: Изд – во Алт. ун – та, 1996.

Вып. VII. C. 158 – 162.

Могильников В. А. Население Верхнего Приобья в середине – второй половине I тыс. до н. э. М. : ИА РАН, 1997. 195с.

Могильников В. А. Кочевники северо – западных предгорий Алтая в IX – XI веках. М. : Наука, 2002. 362с.

Могильников В. А. , Суразаков А. С. Раскопки Второго Сальдярского могильника// Источники по истории Республики Алтай. Горно – Алтайск: ГАИГИ, 1997. C. 126 – 144.

Молодин В. И. , Нескоров А. В. Коллекция сейминско – турбинских бронз из Прииртышья (трагедия уникального памятника—последствия бугровщичества XXI века) //Археология, этнография и антропология Евразии. 2010. No. 3 (43). C. 58 – 71.

Молодин В. И. , Новиков А. В. , Соловьев А. И. Погребальные комплексы древнетюркского времени могильника Кальджин – VIII//Археология, этнография и антропология Евразии. 2003. No. 2. C. 71 – 86.

Молодин В. И. , Соловьев А. И. Могильник Бертек – 20//Древние культуры Бертекской долины. Новосибирск: Наука, 1994. C. 127.

Молодин В. И. , Соловьев А. И. Позднее средневековье//Древние культурыБертекской долины. Новосибирск: Наука, 1994. C. 152 – 156.

Молодин В. И. , Соловьев А. И. Памятник Сопка – 2 на реке Оми. Новосибирск: Изд – во Института археологии и этнографии СО РАН, 2004. 184с.

Неверов С. В. Курганы конца I тыс. н. э. могильника Рогозиха на Алтае//Охрана и использование археологических памятников Алтая. Барнаул: Изд – во Алт. ун – та, 1990. C. 112 – 116.

Неверов С. В. , Горбунов В. В. Курганный могильник сросткинской культуры Шадринцево – 1//Археология, антропология и этнография Сибири. Барнаул: Изд – во Алт. ун – та, 1996. C. 163 – 191.

Неверов С. В. , Горбунов В. В. Сросткинская культура (периодизация, ареал, компоненты) //Пространство культуры в археолого – этнографическом измерении. Западная Сибирь и сопредельные территории. Томск: Изд – во Том. ун – та, 2001. C. 176 – 178.

Неверов С. В. , Степанова Н. Ф. Могильник скифского времени Кайнду в Горном Алтае//Археологические исследования на Катуни. Новосибирск: Наука, 1990. C. 242 – 270.

Нестеров С. П. Древнетюркские погребения ус. Батени//Памятники культуры древних тюрок в Южной Сибири и Центральной Азии. Новосибирск: НГУ, 1999. C.

91 – 102.

Нехведавичюс Г. Л., Ведянин С. Д. Музей археологии Алтайского государственного университета//Алтайский сборник. Барнаул, 1995. Вып. XVI. С. 239 – 244.

Николаев В. С. Погребальные комплексы кочевников юга Средней Сибири в XIII – XIV веках. Владивосток; Иркутск: Изд – во Ин – та географии СО РАН, 2004. 306с. : ил.

Новиков А. В., Тишкин А. А. Зеркало из памятника Ташара – Картер – 2 (Новосибирское Приобье) //Торевтика в древних и средневековых культурах Евразии. Барнаул: Азбука, 2010. С. 79 – 83. (Труды Сибирской ассоциации исследователей первобытного искусства. Вып. VI).

Овчинникова Б. Б. Древнетюркские памятники могильного поля Аймырлыг// Древности Востока. М. : РУСАКИ, 2004. С. 86 – 110.

Ожередов Ю. И. Семантика изображений на одном средневековом зеркале изМузея археологии и этнографии Сибири ТГУ//Торевтика в древних средневековых культурах Евразии. Барнаул: Азбука, 2010. С. 144 – 147. (Труды Сибирской ассоциации исследователей первобытного искусства. Вып VI).

Ожередов Ю. И., Плетнева Л. М., Масумото Т. Металлические зеркала в Музее археологии этнографии Сибири им. В. М. Флоринского ТГУ: формирование и исследование собрания//Культуры и народы Северной Азии и сопредельных территорий в контексте междисциплинарного изучения. Томск: ТГУ, 2008. Вып. 2. С. 136 – 157.

Плетнева Л. М. Томское Приобье в начале II тыс. н. э. (по археологическим источникам). Томск: Изд – во Том. ун – та, 1997. 350с.

Плетнева Л. М. Средневековые зеркала из памятников Томского Приобья// Интеграция археологических и этнографических исследований. Омск: Изд – во ОмГПУ, 2008. С. 257 – 261.

Плотников Ю. А. Клады Приобья как исторический источник//Военноедело древнего населения Северной Азии. Новосибирск: Наука, 1987. С. 120 – 136.

Поздняков Д. В. Палеоантропология населения юга Западной Сибири эпохи средневековья (вторая половина I тыс. н. э. —первая половина II тыс. н. э.). Новосибирск: Изд – во Ин – та археологии и этнографии СО РАН, 2006. 136с.

Полосьмак Н. В. Бараба в эпоху раннего железа. Новосибирск: Наука, 1987. 144с.

Поляков А. В. Хронология и локализация некоторых типов украшений (по материалам погребений карасукской культуры) //Древние и средневековые кочевники

Центральной Азии. Барнаул：Азбука，2008. С. 79 – 82.

Прохорова Т.，Гугуев В. Богатое сарматское погребение в кургане на восточной окраине г. Ростова – на – Дону//Известия Ростовского областного музея краеведения. Ростов – на – Дону，1988. Вып. 5. С. 40 – 47.

Равич И. Г.，Рындина Н. В. Изучение свойств и микроструктуры сплавов медь – мышьяк в связи с их использованием в древности//Художественное наследие. 1984. No. 9（39）. С. 114 – 124.

Распопова В. И. Зеркала из Пенджикента//КСИА. М.，1972. Вып. 132. С. 65 – 69.

Руденко К. А. Металлические зеркала золотоордынского времени из собрания Национального музея Республики Татарстан//Татарская археология. Казань，2004. No. 1 – 2（12 – 13）. С. 111 – 156.

Руденко С. И. Второй Пазырыкский курган：Результаты работ экспедиции Института истории материальной культуры Академии наук СССР в1947 г.（предварительное сообщение）. Л.：Б. и.，1948. 64с. + XXIX табл.

Руденко С. И. Культура населения Горного Алтая в скифское время. М.；Л.：Изд – во АН СССР，1953. 402с.

Руденко С. И. Культура хуннов и Ноинулинские курганы. М.；Л.：Изд – во АН СССР，1962. 206с.

Руденко С.，Глухов А. Могильник Кудыргэ на Алтае//Материалы по этнографии. Л.，1927. Т. III，вып. 2. С. 37 – 52.

Рындина Н. В.，Дегтярева А. Д. Энеолит и бронзовый век. М.：Изд – во МГУ，2002. 226с.

Савинов Д. Г. Древнетюркские курганы Узунтала（к вопросу о выделении курайской культуры）//Археология Северной Азии. Новосибирск：Наука，1982. С. 102 – 122.

Савинов Д. Г. Могильник Бертек – 34//Древние культуры Бертекской долины /А. П. Деревянко，В. И. Молодин，Д. Г. Савинов и др. Новосибирск：Наука，1994. С. 104 – 124.

Савинов Д. Г.，Новиков А. В.，Росляков С. Г. Верхнее Приобье на рубеже веков（басандайская культура）. Новосибирск：Изд – во Ин – та археологии и этнографии СО РАН，2008. 424с.

Садри Максуди Арсал. Тюркская история и право. Казань：Фэн，2002. 412с.

Серегин Н. Н. Металлические зеркала в погребениях раннесредневековых кочевников северо – западных районов Центральной Азии//Изучение историко – культурного наследия народов Южной Сибири. Горно – Алтайск: АКИН, 2007. Вып. 5. С. 115 – 121.

Серегин Н. Н. История изучения металлических зеркал из раннесредневековых памятников Южной Сибири//Труды молодых ученых Алтайского государственного университета. Барнаул: Изд – во Алт. ун – та, 2008а. Вып. Ⅴ. С. 57 – 61.

Серегин Н. Н. Китайские изделия как хронологический показатель при датировке памятников тюркской культуры//Этнокультурная история Евразии: современные исследования и опыт реконструкций. Барнаул: Азбука, 2008б. С. 177 – 179.

Серегин Н. Н. Комплексное изучение металлических зеркал из раннесредневековых памятников кочевников Южной Сибири//Культуры и народы Северной Азии и сопредельных территорий в контексте междисциплинарного изучения. Томск: ТГУ, 2008в. Вып. 2. С. 197 – 205.

Ситников С. М. Могильник финальной бронзы Чекановский Лог – 7//Вопросыистории, археологии и этнографии Павлодарского Прииртышья. Павлодар: Б. и., 2000. С. 75 – 78.

Ситников С. М., Шульга П. И. Погребения раннескифского времени на поселении эпохи бронзы Советский путь – 1//Древности Алтая: Известия лаборатории археологии. Горно – Алтайск: Изд – во ГАГУ, 1998. No. 3. С. 69 – 77.

Скуднова В. М. Скифские зеркала из архаичного некрополя Ольвии//Труды Государственного Эрмитажа. Л., 1962. Т. Ⅶ. С. 5 – 27.

Соенов В. И., Трифанова С. В., Вдовина Т. А., Яжанкина С. И. Средневековое скальное захоронение в Каменном Логу//Древности Алтая. Горно – Алтайск: Изд – во ГАГУ, 2002. No. 9. С. 117 – 124.

Соенов В. И., Эбель А. В. Курганы гунно – сарматской эпохи на Верхней Катуни. Горно – Алтайск: Изд – во ГАГПИ, 1992. 68с. + 48 рис.

Степанова Н. Ф. Могильник скифского времени Кастахта//Археологические исследования на Алтае. Барнаул: Изд – во Алт. ун – та, 1987. С. 168 – 183.

Степанова Н. Ф., Неверов С. В. Курганный могильник Верх – Еланда – Ⅱ// Археология Горного Алтая. Барнаул: Изд – во Алт. ун – та, 1994. С. 11 – 24.

Степи европейской части СССР в скифо – сарматское время. М.: Наука, 1989. 464с.

Степная полоса азиатской части СССР в скифо – сарматское время. М.: Наука, 1992. 494с.

Стратанович Г. Г. Китайские бронзовые зеркала: их типы, орнаментация и использование//Восточно – азиатский этнографический сборник. М. , 1961. Вып. 2. С. 47 – 78（Труды Ин – та этнографии АН СССР. Новая сер. Т. 73）.

Суразаков А. С. Горный Алтай и его северные предгорья в эпоху раннего железа. Проблемы хронологии и культурного разграничения. Горно – Алтайск: Горно – Алт. отд. Алт. кн. изд – ва, 1989. 216с.

Суразаков А. С. Раскопки памятников Курата – Ⅱ и Кор – Кобы – Ⅰ //Проблемы изучения древней и средневековой истории Горного Алтая. Горно – Алтайск: ГАНИИИЯЛ, 1990. С. 56 – 96.

Табалдиев К. Ш. Курганы средневековых кочевых племен Тянь – Шаня. Бишкек: Айбек, 1996. 256с.

Табалдиев К. Ш. Зеркала из погребений внутреннего Тянь – Шаня//Евразия: культурное наследие древних цивилизаций. Новосибирск: НГУ, 1999. Вып. 2. С. 78 – 81.

Тишкин А. А. Погребальные сооружения курганного могильника Бийке икультура населения, оставившего их//Погребальный обряд древних племен Алтая. Барнаул: Изд – во Алт. ун – та, 1996. С. 20 – 54.

Тишкин А. А. Китайские зеркала из памятников ранних кочевников Алтая// Россия и АТР. 2006а. No. 4. С. 111 – 115.

Тишкин А. А. Металлические зеркала монгольского времени на Алтае и некоторые результаты их изучения//Город и степь в контактной евроазиатской зоне. М. : Нумизматическая литература, 20066. С. 191 – 193.

Тишкин А. А. Историко – культурное наследие Алтая: Древности Онгудайского района. Барнаул: Азбука, 2006в. 12с.

Тишкин А. А. Об археологических находках из частных коллекций//Теорияи практика археологических исследований. Барнаул: Изд – во Алт. ун – та, 2006г. Вып. 2. С. 147 – 154.

Тишкин А. А. Создание периодизационных и культурно – хронологическихсхем: исторический опыт и современная концепция изучения древних и средневековых народов Алтая. Барнаул: Изд – во Алт. ун – та, 2007а. 356с.

Тишкин А. А. Этапы развития бийкенской культуры Алтая//Теория и практика археологических исследований. Барнаул: Изд – во Алт. ун – та, 20076. Вып. 3. С. 146 – 158.

Тишкин А. А. Обзор исследований в Западной Монголии и на Алтае//Проблемы археологии, этнографии, антропологии Сибири и сопредельных территорий. Новосибирск: Изд – во Ин – та археологии и этнографии СО РАН, 2007в. Т. ⅩⅢ. С.

382 – 387.

Тишкин А. А. Зеркала раннего средневековья на Алтае и результаты их рентгенофлюоресцентного анализа//Время и культура в археолого – этнографических исследованиях древних и современных обществ Западной Сибири и сопредельных территорий: проблемы интерпретации и реконструкции. Томск: Аграф – Пресс, 2008. С. 78 – 81.

Тишкин А. А. Алтай в монгольское время (по материалам археологических памятников). Барнаул: Азбука, 2009. 208с.: ил. + вкл.

Тишкин А. А., Горбунов В. В. Курган сросткинской культуры у оз. Яровское// Сохранение и изучение культурного наследия Алтайского края. Барнаул: Изд – во Алт. ун – та, 1998. Вып. Ⅸ. С. 194 – 198.

Тишкин А. А., Горбунов В. В. Археологические памятники эпохи средневековья в Павловском районе//Павловский район: Очерки истории и культуры. Барнаул; Павловск: Б. и., 2000. С. 54 – 63.

Тишкин А. А., Горбунов В. В. Культурно – хронологические схемы изучения истории средневековых кочевников Алтая//Древности Алтая. Горно – Алтайск, 2002. No. 9. С. 82 – 91.

Тишкин А. А., Горбунов В. В. Исследования погребально – поминальных памятников кочевников в Центральном Алтае//Проблемы археологии, этнографии, антропологии Сибири и сопредельных территорий. Новосибирск: Изд – во Ин – та археологии и этнографии СО РАН, 2003. Т. Ⅸ, ч. Ⅰ. С. 488 – 493.

Тишкин А. А., Горбунов В. В. Комплекс археологических памятников в долине р. Бийке (Горный Алтай). Барнаул: Изд – во Алт. ун – та, 2005. 200с. + вкл.

Тишкин А. А., Горбунов В. В. Горный Алтай в хуннуское время: культурно – хронологический анализ археологических материалов//Российская археология. 2006. No. 3. С. 31 – 40.

Тишкин А. А., Горбунов В. В., Казаков А. А. Курганный могильник Телеутский Взвоз – Ⅰ и культура населения Лесостепного Алтая в монгольское время. Барнаул: Изд – во Алт. ун – та, 2002. 276с.

Тишкин А. А., Горбунов В. В., Серегин Н. Н. Металлические зеркала в коллекциях Музея археологии и этнографии Алтая АлтГУ//Древние и средневековые кочевники Центральной Азии. Барнаул: Азбука, 2008. С. 100 – 103.

Тишкин А. А., Горбунов В. В., Серегин Н. Н. Металлические зеркала как показатели археологических культур Алтая поздней древности и средневековья (хронология и этнокультурные контакты) //Социогенез в Северной Азии. Иркутск: Изд – во ИрГТУ, 2009. С. 224 – 231.

Тишкин А. А., Горбунова Т. Г. Методика изучения снаряжения верхового коня эпохи раннего железа и средневековья: учеб. – метод. пособие. Барнаул: Изд – во Алт. ун – та, 2004. 126 с: ил.

Тишкин А. А., Горбунова Т. Г. Системный подход при изучении археологических находок//Археология Южной Сибири: идеи, методы, открытия. Красноярск: РИО КГПУ, 2005. С. 227 – 229.

Тишкин А. А., Дашковский П. К. О выделении локальных вариантов пазырыкской культуры//Степи Евразии в древности и средневековье. СПб. : Изд – во Гос. Эрмитажа, 2003а. С. 166 – 168.

Тишкин А. А., Дашковский П. К. Исследование памятников пазырыкской культуры на Чинетинском и Яломанском комплексах Горного Алтая//Проблемы археологии, этнографии, антропологии Сибири и сопредельных территорий. Новосибирск: Изд – во Ин – та археологии и этнографии СО РАН, 2003б. Т. IX, ч. I. С. 494 – 497.

Тишкин А. А., Дашковский П. К. Историко – культурное наследие Алтая. Вып. 2: Древности Краснощековского района. Барнаул: Азбука, 2008. 16с.

Тишкин А. А., Кирюшин Ю. Ф., Казаков А. А. Рубцовский район: Памятники истории//Памятники истории и культуры юго – западных районов Алтайского края. Барнаул: Изд – во Алт. ун – та, 1996. С. 149 – 166.

Тишкин А. А., Ожередов Ю. А. Металлическое зеркало золотоордынского времени из фондов Музея археологии и этнографии Сибири ТГУ//Научный Татарстан: Гуманитарные науки. 2010. No. 4. С. 107 – 113.

Тишкин А. А., Серегин Н. Н. Металлические зеркала раннего средневековья как источник для реконструкции этнокультурного взаимодействия на Алтае//Форум 《Идель – Алтай》: мат. науч. – практ. конф. 《Идель – Алтай: истоки евразийской цивилизации》, I Международного конгресса средневековой археологии евразийских степей. Казань: Ин – т истории АН Республика Татарстан, 2009а. С. 241 – 244.

Тишкин А. А., Серегин Н. Н. Формирование коллекции металлических зеркал в Музее археологии и этнографии Алтая АлтГУ//Теория и практика археологических исследований. Барнаул: Изд – во Алт. ун – та, 2009б. Вып. 5. С. 111 – 120.

Тишкин А. А. , Хаврин С. В. Предварительные результаты спектрального анализа изделий из памятника гунно – сарматского времени Яломан – Ⅱ （ Горный Алтай） // Комплексные исследования древних и традиционных обществ Евразии. Барнаул： Изд-во Алт. ун – та, 2004. С. 300 – 306.

Тишкин А. А. , Хаврин С. В. Использование рентгенофлюоресцентного анализа в археологических исследованиях//Теория и практика археологических исследований. Барнаул： Изд – во Алт. ун – та, 2006. Вып. 2. С. 74 – 86.

Тишкина Т. В. Археологические исследования на Алтае （ 1860 – 1930 – е гг. ）. Барнаул： Азбука, 2010. 288с. ： ил.

Торевтика в древних и средневековых культурах Евразии： сб. науч. тр. /отв. ред. А. А. Тишкин. Барнаул： Азбука, 2010. 188с. ： ил.

Третьякова В. Н. Женщина в древнетюркском обществе//Наследие древних и традиционных культур Северной и Центральной Азии. Новосибирск： Изд – во НГУ, 2000. Т. Ⅱ . С. 54 – 56.

Троицкая Т. Н. , Бородовский А. П. Большереченская культура лесостепногоПриобья. Новосибирск： Наука, 1994. 125с.

Троицкая Т. Н. , Черноскутов Е. М. К вопросу о связях Новосибирского Приобья со Средней Азией в конце Ⅰ тыс. н. э. // Западная Сибирь в эпоху средневековья. Томск： Изд – во Том. ун – та, 1984. С. 129 – 134.

Удодов В. С. , Тишкин А. А. Горбунова Т. Г. Средневековые находки элементов конского снаряжения на памятнке Екатериновка – 3//Сохранение и изучение культурного наследия Алтайского края. Барнаул： Азбука, 2006. Вып. ⅩⅤ. С. 294 – 297.

Удодов В. С. , Чекрыжова О. И. Новые материалы эпохи средневековья из могильника Екатериновка – Ⅲ//Вопросы истории, археологии и этнографии Павлодарского Прииртышья. Павлодар： Б. и. , 2000. С. 85 – 87.

Уманский А. П. К вопросу о семантике зеркала из Рогозихи//Итоги изучения скифской эпохи Алтая и сопредельных территорий. Барнаул： Изд – во Алт. ун – та, 1999. С. 206 – 211.

Уманский А. П. , Шамшин А. Б. , Шульга П. И. Могильник скифского времени Рогозиха – 1 на левобережье Оби. Барнаул： Изд – во Алт. ун – та, 2005. 204с.

Феномен алтайских мумий / В. И. Молодин, Н. В. Полосьмак, Т. А. Чикишева и др. Новосибирск： Изд – во Ин – та археологии и этнографии СО РАН, 2000. 320с.

Федоров – Давыдов Г. А. Кочевники восточной Европы под властью золотоордынских ханов. Археологические памятники. М. : Изд – во Моск. ун – та, 1966. 274с.

Филиппова И. В. Китайские зеркала из памятников хунну//Археология, этнография и антропология Евразии. 2000. No. 3. С. 100 – 108.

Филиппова И. В. Культурные контакты населения Западного Забайкалья, Южной, Западной Сибири и Северной Монголии с ханьским Китаем в скифское и гунно – сарматское время (по археологическим материалам) : автореф. дис. ⋯ канд. ист. наук. Новосибирск, 2005. 25с.

Фролов Я. В. Погребальный обряд населения Барнаульского Приобья в VI в. до н. э. – II в. н. э. (по данным грунтовых могильников). Барнаул: Азбука, 2008. 479с.

Фролов Я. В. , Шамшин А. Б. Могильники раннего железного века Фирсовского археологического микрорайона (Фирсово – III, XI, XIV) //Итоги изучения скифской эпохи Алтая и сопредельных территорий. Барнаул: Изд – во Алт. ун – та, 1999. С. 219 – 226.

Хаврин С. В. Металл некоторых памятников Тувы в контексте металлургии Саяно-Алтая скифского времени//Семенов В. А. Суглуг – Хем и Хайыракан—могильники скифского времени в Центрально – тувинской котловине. СПб. : Петербургское Востоковедение, 2003 С. 211 – 213.

Хаврин С. В. Металл памятников пазырыкской культуры из курганов Чуи и Урсула//Кубарев В. Д. , Шульга П. И. Пазырыкская культура (курганы Чуи и Урсула). Барнаул: Изд – во Алт. ун – та, 2007. С. 278 – 281.

Хаврин С. В. Анализ состава раннескифских бронз Алтая//Шульга П. И. Снаряжение верховой лошади и воинские пояса на Алтае. Ч. I : Раннескифское время. Барнаул: Азбука, 2008. С. 173 – 178.

Хаврин С. В. Металл могильника Кюргеннер//Грязнов М. П. , Комарова М. Н. , Лазаретов И. П. , Поляков А. В. , Пшеницына М. Н. Могильник Кюргеннер эпохи поздней бронзы Среднего Енисея. СПб. : Петербургское Востоковедение, 2010. С. 102 – 106.

Хазанов А. М. Религиозно – магическое понимание зеркал у сарматов//СЭ. 1964. No. 3. С. 89 – 96.

Хазанов А. М. Избранные труды: очерки военного дела сарматов. 2 – е изд. , испр. и доп. СПб. : Изд – во СПбГУ, 2008. 294 ч. : ил. (серия Номадика).

Худяков Ю. С. Зеркало из тайника Теренчи – Хол – Чолы//Известия СО АНСССР. Сер. : История, филология и философия. 1990. Вып. 2. С. 64 – 66.

Худяков Ю. С. Зеркала из могильника Усть – Эдиган//Древности Алтая: Известия лаборатории археологии. Горно – Алтайск: Изд – во ГАГУ, 1998. No. 3. С.

135 – 143.

Худяков Ю. С. Бронзовые зеркала пазырыкской культуры в долине р. Эдиган в Горном Алтае//Древности Алтая. Горно – Алтайск, 2001. Вып. 7. С. 94 – 102.

Худяков Ю. С. Дискуссионные вопросы изучения поминальных памятников древних тюрок Алтая//Древности Алтая. Горно – Алтайск, 2002. Вып. 9. С. 137 – 153.

Худяков Ю. С. , Белинская К. Ы. Особенности женской погребальной обрядности древних тюрок на территории Монголии//Проблемы археологии, этнографии, антропологии Сибири и сопредельных территорий. Новосибирск: Изд – во Ин – та археологии и этнографии СО РАН, 2006. Т. ⅩⅡ, ч. 1. С. 497 – 500.

Черемисин В. Д. Искусство звериного стиля в погребальных комплексах рядового населения пазырыкской культуры: семантика звериных образов в контексте погребального обряда. Новосибирск: Изд – во Ин – та археологии и этнографии СО РАН, 2008. 136с.

Черных Е. Н. Древнейшая металлургия Урала и Поволжья. М. : Наука, 1970. 180с.

Черных Е. Н. , Луньков В. Ю. Методика рентгено – флуоресцентного анализамеди бронз в лаборатории Института археологии//Аналитические исследования лаборатории естественно – научных методов. М. : Таус, 2009. С. 78 – 83.

Членова Н. Л. Происхождение и ранняя история племен тагарской культуры. М. : Наука, 1967. 300с. : ил.

Членова Н. Л. Памятники конца эпохи бронзы в Западной Сибири. М. : Пущинский научный центр РАН, 1994. 170с.

Шавкунов Э. В. Описание бронзовых зеркал из Приморского края и их датировка//Материалы по археологии Дальнего Востока СССР. Владивосток: ДВО АН СССР, 1981. С. 93 – 110.

Шавкунов Э. В. , Конькова Л. В. , Хорев В. А. Бронзовые зеркала Ананьевского городища//Вопросы археологии Дальнего Востока СССР. Владивосток: ДВО АН СССР, 1987. С. 80 – 95.

Шамшин А. Б. , Фролов Я. В. Новый грунтовый могильник раннего железного века в Барнаульском Приобье//Палеодемография и миграционные процессы в Западной Сибири в древности и средневековье. Барнаул: Изд – во Алт. ун – та, 1994. С. 99 – 102.

Ширин Ю. В. Выявление нарушений анатомической целостности костяка погребенных по обряду ингумации в курганах быстрянской культуры//Роль естественно – научных методов в археологических исследованиях. Барнаул: Изд – во Алт. ун – та, 2009. С. 97 – 100.

Ширин Ю. В. Бронзовое зеркало с гравировкой из северных предгорий Алтая// След на песке: материалы и исследования по археологии. Томск: Дельтаплан; Северск, 2010. С. 200 - 209.

Шульга П. И. Могильник скифского времени Локоть - 4а. Барнаул: Изд - во Алт. ун - та, 2003. 204с.

Шульга П. И., Уманский А. П., Могильников В. А. Новотроицкий некрополь. Барнаул: Изд - во Алт. ун - та, 2009. 329с.

Bunker E. C. The Chinese artifakts among the Pazyryk finds//Source. Notes the history of Art. New - York: Ars Brevis Foundation Inc., 1991. Vol. X, No. 4. P. 20 -29 + Fig. 17 -25.

Grjaznov M. P. Der Großkurgan von Aržan in Tuva, Südsibirien. München, 1984. 90 S. + 4 Taf. (Materialien zur Allgemeinen und Vergleichenden Archäologie. Band 23).

Ĉugunov K. V., Parzinger H., Nagler A. Der skythenzeitliche Fürstenkurgan Aržan2 in Tuva. Mainz, 2010. 330 S. mit 289 Abb., 153 Taf. und 7 Beilagen (Archäologie in Eurasien. Band 26; Steppenvölker Eurasiens. Band 3).

The Altai culture. Seoul, 1995 (каталог выставки на корейском языке).

俄文缩写目录

АКИН – Агентство по культурно – историческому наследию. 文化—历史遗产机构

АлтГу – Алтайский государственный университет. 阿尔泰国立大学

АН СССР – Академия наук Советского Союза. 苏联科学院

Б. и. – без издательства. 出版单位不详

БСЭ – Большая Советская Энциклопедия. 大苏联百科辞典

ГАГПИ – Горно – Алтайский государственный педагогический институт. 戈尔诺—阿尔泰国立师范学院

ГАГУ – Горно – Алтайский государственный университет. 戈尔诺—阿尔泰国立大学

ГАИГИ – Горно – Алтайский институт гуманитарных исследований. 戈尔诺—阿尔泰人文研究所

ГАНИИИЯЛ – Горно – Алтайский научно – исследовательский институт истории, языка и литературы. 戈尔诺—阿尔泰历史、语言和文学科研所

ГИМ – Государственный исторический музей. 国立历史博物馆

ГЭ – Государственный Эрмитаж. 埃米塔什国立博物馆

ДВО – дальневосточное отделение. 远东分院

ИИМК – Институт истории материальной культуры. 物质文化历史研究所

КСИА – Краткие сообщения Института археологии. 考古学研究所短消息

КСИИМК – Краткие сообщения Института истории материальной культуры. 物质文化历史研究所短消息

КПК – карманный персональный компьютер. 小型个人计算机

МАЭА – Музей археологии и этнографии Алтая. 阿尔泰考古学与民族学博物馆

МГУ – Московский государственный университет. 莫斯科国立大学

ОмГПУ – Омский государственный педагогический университет. 鄂木斯克国立师范大学

РАН – Российская академия наук. 俄罗斯科学院

РГНФ – Российский гуманитарный научный фонд. 俄罗斯人文科研基金

РСФСР – Российская Советская Федеративная Социалистическая Республика. 俄罗斯苏维埃联邦社会主义共和国

РФФИ – Российский фонд фундаментальных исследований. 俄罗斯基础研究基金

СА – Советская археология. 苏联考古学

США – Соединенный штаты Америки. 美利坚合众国

СО – Сибирское отделение. 西伯利亚分院

СЭ – Советская этнография. 苏联民族学

ТГУ – Томский государственный университет. 托木斯克国立大学

ТНИИЯЛИ – Тувинский научно – исследовательский институт языка, литературы и истории. 图瓦语言、文学和历史科研所

УрО – Уральское отделение. 乌拉尔分院

人名、地名、考古词汇对照表

（以汉语拼音音节为序）

A

阿巴坎　Абакан

М. Т. 阿布杜尔甘涅耶夫　М. Т. Абдулганеев

阿尔泰　Алтай

阿尔泰边疆区　Алтайский край

阿尔泰共和国　Республики Алтай

阿尔泰共和国安诺新民族博物馆　Национальный музей Республики Алтай им. А.
　　В. Анохина

阿尔泰山区及森林草原区　Горный и Лесостепный Алтай

阿尔赞大冢　кургана Аржан

阿尔赞—迈埃米尔时期　Аржано – майэмирское время

Е. Д. 阿加波娃　Е. Д. Агапова

В. П. 阿列克谢耶夫　В. П. Алексеев

阿列伊河　р. Алей

阿列伊县别兹戈洛索沃村　с. Безголосово Алейского района

阿穆尔河　Амур

埃米塔什国立博物馆　Государственный Эрмитаж

安德罗诺沃文化　Андроновская культура

奥尔村　с. Аул

奥金佐沃文化　Одинцовская культура

奥斯特罗夫诺耶－Ⅲ墓地　Памятник Островное – 3

奥辛基墓地　Могильник Осинки

B

巴尔瑙尔　Барнаул

巴甫洛夫县　Павловский район

巴赫奇－XI墓地　Памятник Бахчи－11

巴拉巴平原　Барабинская равнина

巴泽雷克文化　Пазырыкская культура

贝斯特良文化　Быстрянская культура

比克墓地　Памятник Бийке

比克文化　Бийкенская культура

比斯克市　Бийск

别－XIV儿童墓地　Детский могильник БЕ－XIV

别尔捷克－XX墓葬　Погребение Бертек－20

别洛库里哈市科利采瓦娅街道　ул. Кольцевая г. Белокуриха

波别达村　с. Победа

波波夫斯卡娅达恰　Поповская Дача

И. В. 博格丹诺娃—别列佐夫斯卡娅　И. В. Богданова－Березовская

В. Б. 博罗达耶夫 В. Б. Бородаев

博伊特格姆－II墓地　Памятник Бойтыгем－II

布郎—科巴文化　Булан－кобинская культура

М. Е. 布洛欣纳　М. Е. Блохина

C

采林县　Целинный район

D

П. К. 达什科夫斯基　П. К. Дашковский

大亚洛曼河　р. Большой Яломан

东哈萨克斯坦　Восточный Казахстан

东欧　Восточная Европа

E

鄂毕河　Обь

俄罗斯科学院西伯利亚分院　СО РАН

F

菲尔索沃 – XIV 墓地　Могильник Фирсово – XIV

И. В. 菲利普波娃　И. В. Филиппова

Л. К. 伏罗洛娃　Л. К. Фролова

G

戈尔诺—阿尔泰共和国　Горно - Алтайская республика

格里亚兹诺夫阶段　Грязновский этап

Н. С. 古利亚耶夫　Н. С. Гуляев

H

С. В. 哈夫林　С. В. Хаврин

哈萨克斯坦　Казахстан

哈萨克斯坦苏维埃社会主义共和国谢米巴拉金斯克州博罗杜林斯克县　Бородулинский район Семипалатинской области Казахской ССР

А. М. 哈赞诺夫　А. М. Хазанов

汉卡林斯基山谷墓地　Могильник Ханкаринский дол

Ю. С. 胡佳科夫　Ю. С. Худяков

J

吉尔吉斯汗国　Кыргызский каганат

吉列沃 – XVI 墓地　Памятник Гилево – XVI

С. В. 吉谢列夫　С. В. Киселев

基里尔洛夫卡 – V 墓地　Памятник Кирилловка – V

Ю. Ф. 基留申　Ю. Ф. Кирюшин

基马克文化　Кимакская культура

捷列乌特夫兹沃兹 – I 冢墓墓地　Курганный могильник Телеутский Взвоз – I

А. Р. 金　А. Р. Ким

近耶尔班　Ближний Елбан

近耶尔班 – XVI 墓地　Могильник Ближние Елбаны – XVI

K

卡尔马茨文化　Кармацкая культура

卡拉苏克文化　Карасукская культура

卡梅申卡　Камышенка

卡门文化　Каменская культура

卡缅内—洛格墓地　Памятник Каменный Лог

卡斯塔赫特大型墓地　Крупный некрополь Кастахта

卡坦达 – Ⅱ墓地　Могильник Катанда – Ⅱ

卡通河　Катуньъ

А. А. 卡扎科夫　А. А. Казаков

凯恩杜墓地　Памятник Кайнду

С. А. 科瓦列夫斯基　С. А. Ковалевский

克济尔—贾尔 – Ⅸ　Кызыл – Джар – Ⅸ

Н. Н. 克拉金　Н. Н. Крадин

克拉斯诺谢科夫县　Краснощековский район

克拉斯诺亚尔斯克　Красноярск

С. Г. 克利亚什托尔内　С. Г. Кляшторный

Г. А. 克柳金　Г. А. Клюкин

В. Д. 库巴列夫　В. Д. Кубарев

库德尔盖墓地　Памятник Кудыргэ

库赖 – Ⅲ墓地　Могильник Курай – Ⅲ

库伦达草原　Кулундинская степь

库伦达县　Кулундинский район

库罗塔 – Ⅱ墓地　Памятник Курота – Ⅱ

М. Ю. 库泽万诺娃　М. Ю. Кузеванова

С. В. 库兹明内赫　С. В. Кузьминых

Т. М. 库兹涅佐娃　Т. М. Кузнецова

库兹涅茨克盆地　Кузнецкая котловина

А. Л. 昆古罗夫　А. Л. Кунгуров

L

拉兹杜米耶 – Ⅰ墓地　Памятник Раздумье – 1

М. П. 拉夫洛娃　М. П. Лавровой

老阿列伊 – Ⅱ墓地　Памятник Староалейка – 2

老阿列伊文化　Староалейская культура

П. Ф. 雷任科　П. Ф. Рыженко

Б. А. 利特温斯基　Б. А. Литвинский

罗戈济赫 – Ⅰ墓地　Могильник Рогозиха – 1

罗戈济赫村　с. Рогозиха

Е. И. 卢博 – 列斯尼琴科　Е. И. Лубо – Лесниченко

鲁布列沃　Рублево

鲁布佐夫　Рубцовск

鲁布佐夫县　Рубцовский район

М

马尔科沃 – Ⅰ墓地　Могильник Марково – Ⅰ

А. И. 马尔滕诺夫　А. И. Мартынов

Н. П. 马卡罗夫　Н. П. Макаров

Ю. 马克舍夫　Ю. Макышев

马雷—贡宾斯基—科尔东遗址群　Археологический комплекс Малый Гоньбинский
　　Кордон（МГК）

Ю. Т. 马马达科夫　Ю. Т. Мамадаков

Т. 马苏莫托　Т. Масумото

迈埃米尔墓地　Памятник майэмирский

蒙贡—泰加墓地　Могильник Монгун – Тайга

米努辛斯克　Минусинск

米努辛斯克盆地　Минусинская котловина

В. А. 莫吉利尼科夫　В. А. Могильников

N

南乌拉尔　Южный Урал

南西伯利亚　Южная Сибирь

O

欧亚大陆　Евразийский континент

P

佩尔沃迈县　Первомайский район

佩尔沃迈墓地　Памятник Первомайский

彭吉肯特墓地　Памятник Пенджикента

Л. М. 普列特涅娃　Л. М. Плетнева

Q

Н. Л. 奇连诺娃　Н. Л. Членова

Е. М. 齐姆巴洛夫　Е. М. Цымбалов

乔佐沃村　с. Чаузово

切坎诺夫斯基—洛格Ⅶ　Чекановский Лог – 7

Д. В. 切列米辛　Д. В. Черемисин

切马尔县　Чемальский район

钦涅特村　с. Чинета

琴杰克墓地　Могильника Чендек

丘尔图科夫—洛格Ⅰ墓地　Памятник Чултуков Лог – 1

丘梅什河　Чумыш

S

萨德里—马克苏季—阿尔萨拉　Садри Максуди Арсала

萨尔马特文化　Сарматская культура

沙德林采沃阶段　Шадринцевский этап

沙德林采沃 – Ⅰ冢墓墓地　Курганные могильники Шадринцево – 1

Э. В. 沙夫库诺夫　Э. В. Шавкунов

А. Б. 沙姆申　А. Б. Шамшин

上耶兰达 – Ⅱ冢墓墓地　Курганный могильник Верх – Еланда – Ⅱ

圣彼得堡　Санкт – Петербург

П. И. 舒利加　П. И. Шульга

斯基泰时期　Скифское время

斯基泰—塞克时期　Скифо – сакское время

Н. Ф. 斯捷潘诺娃　Н. Ф. Степанова

Г. Г. 斯特拉坦诺维奇　Г. Г. Стратанович

斯罗斯特卡文化　Сросткинская культура

索普卡 – Ⅱ墓地　Памятник Сопка – 2

T

塔吉斯肯纳墓地　Могильник Тагискена

塔加尔文化　Тагарская культура

塔拉斯金 – Ⅴ山墓地　Могильник Гора Тараскина – Ⅴ

塔利缅县　Тальменский район

塔沙拉—卡里耶尔 – Ⅱ墓地　Памятник Ташара – Карьер – 2

Н. Я. 特雷什金纳　Н. Я. Тырышкина

特列季亚科夫县　Третьяковский район

特特克斯肯 – Ⅵ墓地　Памятник Тыткескень – Ⅵ

А. А. 提什金　А. А. Тишкин

突厥文化　Тюркская культура

土库曼斯坦　Туркменистан

图瓦　Тува

托木斯克　Томск

托木斯克段鄂毕河　Томское Приобье

托普奇哈县　Топчихинский район

W

Л. С. 瓦西里耶夫　Л. С. Васильев

外贝加尔　Забайкалье

维加拉卡墓地　Могильник Уйгарака

翁古代县　Онгудайский район

В. С. 乌达多夫　В. С. Удодов

乌拉尔　Урал

乌斯季—埃季甘阶段　Усть – эдиганский этап

乌斯季科克萨县　Усть – Коксинский район

乌斯季—沙蒙尼赫 – Ⅰ墓地　Памятник Усть – Шамониха – 1

乌尊塔尔 – Ⅵ墓地　Могильник Узунтал – Ⅵ

X

希别 – Ⅱ墓地　　Могильник Шибе – Ⅱ

西楚梅什　　Западный Чумыш

Ю. В. 希林　　Ю. В. Ширин

Н. Н. 谢列金　　Н. Н. Серегин

西西伯利亚　　Западная Сибирь

新西伯利亚　　Новосибирск

匈奴—萨尔马特时期　　Гунно – сарматское время

Y

亚罗夫斯科耶 – Ⅲ墓地　　Памятник Яровское – Ⅲ

亚洛曼 – Ⅱ墓地　　Могильник Яломан – Ⅱ

Л. А. 耶夫秋霍娃　　Л. А. Евтюхова

叶卡捷琳诺夫卡 – Ⅲ冢墓墓地　　Курганные могильники Екатериновка – 3

耶兰达村　　с. Еланда

耶鲁尼诺村　　с. Елунино

叶尼塞河　　р. Енисей

伊尔敏文化　　Ирменская культура

伊沃尔加城址　　Иволгинское городище

尤斯特德 – ⅩⅣ墓地　　Памятник Юстыд – ⅩⅣ

Z

М. П. 扎维图欣纳　　М. П. Завитухина

中亚　　Средняя Азия

ABSTRACT

When we characterize any human culture of the past, an important source is the evidence of material production preserved in archaeological sites. A complex study of discovered artifacts allow us to reconstruct many aspects of the life – sustaining systems of ancient and medieval societies, as well as to solve a number of general and specific scientific problems. Among the artifacts discovered in the kurgans of Altai, the ones that always catch the attention of scholars are metallic mirrors. It is not rare that analysis of such artifacts lays the foundation for defining the chronology of the excavated tombs, and understanding the process of ethno – cultural interactions as well as many other questions.

To date from the territory of the forest – steppe and mountainous Altai there have been discovered a number of metallic mirrors dating from the developed Bronze Age to the late Medieval Age. Data of these artifacts are scattered in many publications. Isolated research results of the indicated type of objects from archaeological sites and stray finds appear in paragraphs of monographs, individual articles, and many published brief reports. The unquestionable importance of metallic mirrors underlies the importance of scientific research of various levels. Unfortunately, so far there is no work that provides an exhaustive generalization and a comprehensive presentation of them. In this situation a logic step for conducting such scientific work is publishing museum collections in the form of catalogues. This monograph provides one variant of publishing mirrors from the Museum of Archaeology and Ethnography of Altai, Altai State University (Barnaul). For the presentation of each museum artifact it is indispensible, apart from description (it may vary), to include illustrations. For this purpose we work out an optimal scheme of presenting artistic materials: three photographs and one graphic drawing with scale. Altogether this catalogue assembles 34 items of metallic mirrors. Each item comes with a brief description, which presents the parameters of the artifact as well as other related information such as location of discovery, date, and reference etc. All the graphic drawings are done by A. L. Kungurov, and photographs by A. A. Tishkin.

A critical aspect of studying metallic mirrors is the systematic analysis of all the artifacts discovered in Altai with the developed and already attested method [Тишкин, Горбунова, 2004; 2005; Горбунова, Тишкин, 2005; Горбунова, Тишкин, Хаврин, 2009; и др.]. To undertake such program and build up database it is also indispensible to define the chemical composition of the alloys used for the making of such artifacts. The approach of employing various methods of spectral analysis has been used earlier [Тишкин, Хаврин, 2004, 2006; Тишкин, 2006а－6; 2008; 2009]. Such experience ensures the productivity of the further work, increases the amount of needed data, and enables a multi－angle comparative study of them.

This monograph presents the ancient and medieval mirrors that are preserved in the Museum of Archaeology and Ethnography of Altai. Among them 18 are intact items and 16 are fragments. The first chapter provides a brief review of the formation of this collection. The second is a specially prepared catalogue of the artifacts under study. All the items published here have been subjected to several times of X－ray fluorescence spectroscopic analysis, which has the crucial capability for investigating museum holdings [Тишкин, Хаврин, 2006]. The results of such work are laid out in the third chapter. The other two chapters are intended for the interpretation of the artifacts, regarding their chronology, possible ethno－cultural contacts, worldview, and social organization.

The presented systemization of metallic mirrors, which is mainly based on the territory－chronological principle, to a certain degree demonstrates the dynamics of the development of the traditions of using these artifacts in the cultures of the mountainous and forest－steppe Altai from the end of the seventh century BC to the fourteenth century. Unfortunately, this demonstration has missing link, which may be filled up by the further growth of the collection of the Museum of Archaeology and Ethnography of Altai. The approach of this monograph may be applied to the publication of other categories of museum artifacts. Such presentation demonstrates not only the scientific potential of the available material source, but also the historic－cultural value of the collection.

后　记

2010 年 7 月，俄罗斯圣彼得堡大学科瓦廖夫教授、阿尔泰国立大学提什金教授、圣彼得堡国立列里霍夫家族研究院邦达连科馆长一行三人访问陕西，拉开了陕西省考古研究院与俄罗斯科研机构在考古学研究方面全面合作的序幕。中俄相关学术单位一致同意，在未来几年中，双方将陆续开展专家互访、学术交流、交换专业书籍、翻译学术著作、开展文物保护等多层次、全方位的合作。这项工作自始至终得到了陕西省文物局的大力支持。

现在呈现在读者面前的《金属镜：阿尔泰古代和中世纪的资料》一书正是这次合作的一个结晶。对于考古学研究来说，由于语言障碍及历史原因，中俄文物考古学界的交流及了解显得有些滞后及不对称。我们相信本书的出版，将在一定程度上加深国内学界对俄罗斯出土古代和中世纪金属镜，特别是与古代中国有关的金属镜研究的理解，也将开拓我国文物考古学者的研究视野，为探讨中俄古代文化的交互影响及欧亚考古学研究提供有益的资料。

本书初稿由西安外国语大学俄语系李建良副教授翻译，西北大学文化遗产学院张良仁博士审阅了译稿，做了大量专业及语言方面的修订，并最后审阅定稿。需要说明的是，为方便检索，文后增加了书中所涉及人名、地名、考古词汇的对照表；书内各章及全书最后的参考文献等均保留了原文。

陕西省考古研究院张建林副院长、王小蒙副院长、陕西省文物保护研究院王继源书记等为本书的编译做了协调工作，孙周勇、王亮亮、夏楠等参与了筹备及组织协调工作，在此谨致以真诚的谢意。